CATEQUESE ESPECIAL PARA SURDOS
CONHECER JESUS

EDITORA
SANTUÁRIO

CATEQUISTAS

Marta Maria Barbosa, Irmã INSC
Marta Casalecchi de Mattos Pimentel
Regina Botta
Amélice Casalecchi Paque

*C*ATEQUESE ESPECIAL PARA SURDOS
Conhecer Jesus

EDITORA
SANTUÁRIO

DIRETOR EDITORIAL: Pe. Fábio Evaristo Resende Silva, C.Ss.R.
COORDENAÇÃO EDITORIAL: Ana Lúcia de Castro Leite
REVISÃO: Leila Cristina Dinis Fernandes
DIAGRAMAÇÃO E PROJETO GRÁFICO: Bruno Olivoto
CAPA E ILUSTRAÇÕES: Reynaldo Silva
FOTOS: Elizabete Ferreira

Dados Internacionais de Catalogação na Publicação (CIP)
(Câmara Brasileira do Livro, SP, Brasil)

Catequese especial para surdos: conhecer Jesus / Marta Maria Barbosa... [et al.]. - Aparecida, SP: Editora Santuário, 2015.

Outros autores: Marta Casalecchi de Mattos Pimentel, Regina Botta, Amélice Casalecchi Paque
Bibliografia
ISBN 978-85-369-0368-2

1. Catequese - Igreja Católica 2. Deficientes auditivos 3. Educação religiosa de deficientes 4. Igreja - Trabalho com pessoas com deficiência 5. Pessoas com deficiência - Vida religiosa I. Barbosa, Marta Maria. II. Pimentel, Marta Casalecchi de Mattos. III. Paque, Amélice Casalecchi.

15-02449 CDD-268.4

Índices para catálogo sistemático:
1. Catequese junto à pessoa com deficiência:
Cristianismo 268.4

2ª impressão

Todos os direitos reservados à **EDITORA SANTUÁRIO** – 2018

Rua Pe. Claro Monteiro, 342 – 12570-000 - Aparecida-SP
Tel.: 12 3104-2000 – Televendas: 0800 - 16 00 04
www.editorasantuario.com.br
vendas@editorasantuario.com.br

ESTAMOS EM TEMPO! TEMPO DE GRANDES E RÁPIDAS MUDANÇAS

De fato, Deus reserva tempos promissores para nossas Dioceses, Paróquias e Comunidades. Neste ano da Paz viveremos momentos de grande alegria e esperança, pois, mesmo diante de grandes desafios, nossa Igreja testemunha a certeza da presença consoladora e iluminadora do Santo Espírito.

Neste momento em que nossa Igreja Particular do Regional Sul 1 desenvolve um trabalho de Iniciação à Vida Cristã na catequese, é com muita alegria que apresentamos o subsídio *"Catequese especial para surdos – Conhecer Jesus"*, que vem atender o anseio e a necessidade no processo de evangelização para a pessoa surda, incentivando-a a viver seu encontro íntimo com o Cristo.

O grande objetivo é mostrar para a pessoa surda "a pessoa de Jesus Cristo", é Ele o caminho para a revelação da fé. Nesse processo da Iniciação à Vida Cristã, a pessoa de Jesus Cristo é o centro na metodologia catequética e na vida cotidiana.

Este material foi produzido por Ir. Marta M. Barbosa e equipe, respeitando a cultura da pessoa surda, todo um trabalho anterior realizado por catequistas surdos e a Pastoral dos Surdos, que incentivou a confecção deste material. Parabéns por este importante trabalho de Igreja.

Que este livro possa ser de ajuda, apoio e orientação a todos os que acompanham a Catequese junto às pessoas com deficiência auditiva. Bom trabalho e que a paz do Cristo esteja com todos vocês.

Dom Vilson Dias de Oliveira, DC
*Bispo Referencial da Animação Bíblico-Catequética e
Bispo Referencial da Pastoral dos Surdos - CNBB/Sul 1*

SUMÁRIO

Apresentação 11
Agradecimentos 13
Identidade Cristã (ficha) 14

1ª Etapa: Conhecer Jesus 15

1º Encontro: Conhecer Jesus – O que é Catequese? 17
2º Encontro: Conhecer a fonte de nossa fé – Os evangelhos 21
3º Encontro: Conhecer Jesus nos quatro Evangelhos 29
4º Encontro: Maria, escolhida de Deus 31
5º Encontro: Maria visita sua prima Isabel 35
6º Encontro: José, pai adotivo de Jesus 37
7º Encontro: A época antes de Jesus nascer 41
8º Encontro: O nascimento de Jesus 45
9º Encontro: A circuncisão dos judeus 49
10º Encontro: O Batismo cristão – Meu batismo 51
11º Encontro: Jesus menino 55
12º Encontro: Jesus aprende a trabalhar e conhecer a palavra de Deus 59
13º Encontro: O templo da época de Jesus 63
14º Encontro: A adolescência de hoje 67
15º Encontro: A família de hoje 69
16º Encontro: O Batismo de Jesus – Jesus começa a sua missão 71
17º Encontro: A vida pública de Jesus – Jesus começa a sua pregação 75
18º Encontro: A Missão de Jesus 79
19º Encontro: Os discípulos veem Jesus orar ao Pai 81
20º Encontro: O que Jesus fez? Os milagres de Jesus 85
21º Encontro: O que faço para Jesus? 89
22º Encontro: Jesus ensinava por parábolas? 91
23º Encontro: Seguir Jesus 97

2ª Etapa: Jesus a caminho de Jerusalém 105

1º Encontro: Jesus sobe a Jerusalém 107

2º Encontro: Jesus sobe a Jerusalém
        A Páscoa no Templo de Jesus e hoje 113

3º Encontro: Os passos de Jesus em Jerusalém
        Jesus sobe a Jerusalém 117

4º Encontro: Os passos de Jesus em Jerusalém
        Jesus celebra a Última Ceia 121

5º Encontro: Os passos de Jesus em Jerusalém
        A Última Ceia 125

6º Encontro: Os passos de Jesus em Jerusalém
        Sexta-feira Santa, Prisão e Morte de Jesus 129

7º Encontro: Os passos de Jesus em Jerusalém
        Ressurreição de Jesus 133

8º Encontro: Os passos de Jesus ressuscitado
        A Igreja Missionária: Ascensão de Jesus aos Céus 137

9º Encontro: Os passos de Jesus – Jesus ressuscitado
        A vinda do Espírito Santo – O nascimento da Igreja 141

10º Encontro: Os passos de Jesus ressuscitado
        A manifestação do Espírito Santo 145

11º Encontro: Jesus caminha com a Igreja
        A Ascensão de Jesus aos Céus faz dos apóstolos
        missionários a comunidade de fé – a Igreja 151

12º Encontro: A Igreja com Jesus ressuscitado
        A Igreja Missionária 155

13º Encontro: A Igreja com Jesus ressuscitado
        Os sacramentos – Sinais da presença de Jesus em minha vida ... 159

14º Encontro: Viver com Jesus ressuscitado
        O Sacramento do Batismo 165

15º Encontro: O Sacramento do Batismo 169

16º Encontro: Viver com Jesus ressuscitado
  O Sacramento da Confissão 173

17º Encontro: Viver com Jesus ressuscitado
  O Sacramento da Eucaristia 177

18º Encontro: Viver com Jesus ressuscitado
  A Liturgia da Missa 181

19º Encontro: Com Jesus ressuscitado na Igreja – Vestes litúrgicas 185

20º Encontro: Viver com Jesus ressuscitado
  O Sacramento da Crisma 191

21º Encontro: Viver com Jesus ressuscitado
  O Sacramento da Ordem 195

22º Encontro: Viver com Jesus ressuscitado
  O Sacramento do Matrimônio 199

23º Encontro: Viver com Jesus ressuscitado
  O Sacramento da Unção dos Enfermos 203

24º Encontro: Viver com Jesus ressuscitado
  Caminhos para a Santidade – Os Mandamentos 207

25º Encontro: Os Mandamentos da Lei de Deus em nossa Igreja 211

26º Encontro: Viver com Jesus ressuscitado no mundo
  A formação das primeiras comunidades cristãs 217

Na Catequese 221

A segunda etapa da catequese ofereceu a você a graça
de caminhar com Jesus 221

Celebração para a renovação das promessas do Batismo 222

Sugestão de oração para depois da Comunhão 223

APRESENTAÇÃO

Queridos irmãos surdos e ouvintes.

Esta é a edição do livro **Catequese Especial para Surdos – Conhecer Jesus**.

Fizemos um estudo de nosso trabalho nesses seis anos e concluímos que a nossa missão na Catequese Especial para Surdos atingiu os objetivos, porém notamos que a linguagem precisaria ser mais simples para o melhor entendimento dos surdos.

Assim, deixamos este livro mais simples e ainda mais prático, para que os surdos possam entender melhor nosso trabalho e nossa missão.

Temos certeza de que os catequistas continuarão, com esta obra, desenvolvendo sua missão com maior facilidade na aproximação dos surdos a Jesus. E temos certeza ainda de que vocês surdos, acompanhando o trabalho dos catequistas e lendo este livro, receberão os ensinamentos de fé e esperança sobre a vida de Jesus que indicam o caminho do Reino dos Céus.

Irmã Marta Barbosa

Marta C. de Mattos Pimentel

Regina Botta

Amélice Casalecchi Paque

AGRADECIMENTOS

Deixamos aqui nossos agradecimentos àquelas que foram nossas primeiras catequistas, Madre Luiza dos Anjos, Ir. Maria São João, Ir. Yolanda Baldiotti, Irmã Maria Lúcia Marchini e demais Irmãs de Nossa Senhora do Calvário que trabalharam no Instituto Santa Teresinha/SP, que com seus ensinamentos, exemplos e dedicação abriram as portas de nossos corações, para que trilhássemos com nossos irmãos surdos o caminho da paz e do amor com aquilo que foi ensinado e pregado por Jesus.

Agradecemos também a outras pessoas que partilharam conosco seus pensamentos, suas opiniões e experiências vividas com surdos e suas famílias.

Os primeiros passos de nossa jornada começaram com as catequistas nos ensinando e nos convencendo de que os surdos precisariam, acima de tudo, ser recebidos não como um deficiente, mas sim como um ser humano, que de fato é, que sente alegria e tristeza, precisa de amor, atenção e consideração e, ainda, o mais importante, ser levado a se integrar na família, na sociedade, no trabalho e na escola.

Este livro tem por objetivo facilitar aos surdos o conhecimento da vida de Jesus, de seus ensinamentos e de seus exemplos, para que se aproximem mais dele e assim se sintam mais seguros para trilharem o bom caminho que conduz à felicidade.

Nossa missão é catequizar, procurando dar aos surdos luzes para que se sintam em condições de desenvolver sua estrutura física, moral, religiosa e ética na sociedade, na família, nos estudos e no trabalho.

Surdos, como ser humano que são, desejam consideração, justiça e amor.

Cremos no nosso trabalho. Lutamos com fé e esperança.

A fé é invisível, mas nosso trabalho não.

Para essa missão nos tornamos catequistas.

Marta, Regina e Amélice

IDENTIDADE CRISTÃ

Nome: _____
_____

Data de Nascimento: ____ /____ /____

FILIAÇÃO

Pai: _____
Mãe: _____

ENDEREÇO

Rua: _____ nº ____
Cidade: _____ Estado: ____
CEP: _____ – ____ E-Mail: _____
Fone/Fax: (___) _____ – _____ Cel.: (___) _____ – _____

Escolaridade: _____
_____.

Local de trabalho: _____
_____.

Data do batismo: ____ /____ /____
Igreja: _____
Padrinhos: _____
Atenção: Trazer a certidão de nascimento e de batismo

Data: ____ /____ /____

1ª ETAPA | CONHECER JESUS

1º ENCONTRO

CONHECER JESUS
O QUE É CATEQUESE?

A catequese é tempo especial para eu aprender quem é Jesus.

Quero conhecer a pessoa de Jesus para amar e crescer na fé.

Jesus vai me mostrar o Caminho para que eu possa conhecer quem é Deus.

A catequese é como uma porta que vai se abrir para mim:

* **É a porta para eu *conhecer Jesus*** no Evangelho.
* Para eu *aprender a viver com Jesus*.
* Para eu *aprender a andar com Jesus*.

CONHECER

JESUS

ENTÃO, QUEM É A PORTA?

Jesus disse:

"Eu sou a porta, quem entrar por mim será salvo" **(Jo 10,9).**

Na catequese vou *abrir* a porta do meu coração.
Vou *abrir* a porta da minha casa.
Vou *abrir* a porta da minha vida.
Vou *abrir* a porta do meu coração para eu conhecer Jesus
e depois, na catequese, *vou me encontrar com Jesus.*

PELA VIDA:
Só eu posso abrir a porta do meu coração a Jesus.

REZE:
"Jesus, eu quero abrir meu coração e quero conhecer o seu amor **por mim. Amém".**

O SINAL DO CRISTÃO

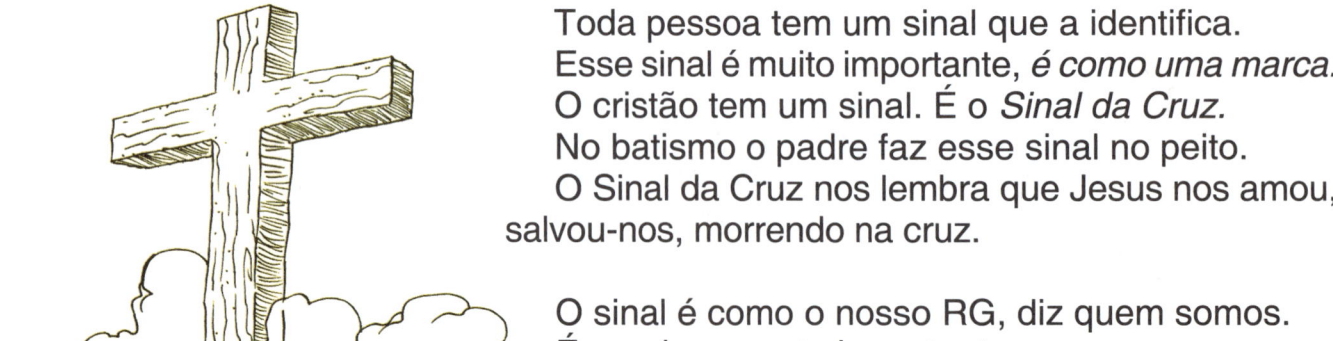

Toda pessoa tem um sinal que a identifica.
Esse sinal é muito importante, *é como uma marca.*
O cristão tem um sinal. É o *Sinal da Cruz.*
No batismo o padre faz esse sinal no peito.
O Sinal da Cruz nos lembra que Jesus nos amou, salvou-nos, morrendo na cruz.

O sinal é como o nosso RG, diz quem somos.
É um documento importante.

O SINAL DO CRISTÃO

EM NOME DO PAI,

DO FILHO

E DO ESPÍRITO

Deus é Amor, Deus é Criador, Deus é Pai.

Jesus é Salvador.

SANTO.

AMÉM.

Espírito Santo que nos santifica.

Deus, Pai de Jesus Cristo, pai das pessoas que acreditam em Jesus.
Deus pode fazer qualquer coisa, ele pode tudo, só Ele pode nos salvar.
Deus criou tudo o que existe no Céu e na Terra: sol, lua, árvore, animais, rios, mares, pessoas etc.

Pelo Sinal da Cruz, pedimos a Deus que nos abençoe, que nos guarde e nos proteja de todo o mal.

Quando se faz o SINAL DA CRUZ?

Antes da oração. | Antes e depois das refeições. | Ao acordar. Quando vamos dormir. | Para começar a missa.

Vamos fazer sempre com piedade e respeito o Sinal da Cruz.

REZE:
*Em nome do Pai, do Filho e do Espírito Santo. Amém.
Jesus ensina-me a rezar e amar a Deus, nosso Pai.*

2º ENCONTRO

CONHECER A FONTE DE NOSSA FÉ
OS EVANGELHOS

O **Evangelho** é um livro muito importante, um livro santo e fonte de nossa fé. Através dele podemos conhecer:

- A palavra e o amor de Deus.
- A vida de Jesus com Marcos, Mateus, Lucas e João.
- Conhecer Jesus e a história da salvação.

CONHECER

(A) FÉ

OS EVANGELHOS

MARCOS MATEUS LUCAS JOÃO

CADA UM APRESENTA JESUS DE UM MODO ESPECIAL

PELA VIDA:
O Evangelho é a fonte de nossa fé.
É a Palavra de Deus.

PROCURE:
Nos Evangelhos o nome do autor de cada livro.

REZE:
Em nome do Pai e do Filho e do Espírito Santo. Amém.
Quero aprender a ler a Palavra de Deus no Evangelho.

APRENDA AGORA COMO LER A BÍBLIA

FIQUE SABENDO:

A Bíblia é o livro mais lido e mais conhecido do mundo.
A palavra Bíblia significa coleção de livros ou biblioteca.
A Bíblia não é só um livro, mas muitos.
Antigamente os livros não eram escritos como hoje, em papel.
Eram escritos em pedaços de couro ou de pergaminho (pele de cabra).

A BÍBLIA FOI FEITA ESPECIALMENTE PARA VOCÊ

A Bíblia está dividida em duas partes:

Antigo Testamento — 46 livros: Conta a história do povo de Deus antes do nascimento de Jesus.

Novo Testamento — 27 livros: Conta a vida de Jesus, seus ensinamentos e como seus amigos continuaram seguindo tudo o que Ele ensinou.

REZE:
Ajuda-me a ter fé na tua Palavra.

FAÇA:
Coloque a Bíblia em sua casa num lugar fácil para pegar e ler.

VAMOS APRENDER A LER O EVANGELHO

Cada página do Evangelho tem escrito em cima o nome do livro. Cada livro está dividido em capítulos e cada capítulo está dividido em versículos.

Vejamos o exemplo a seguir:

Nome do livro → Mateus **Capítulo** → 7

Versículos (Números)

Mt 7,24-27

24 – Quem ouve esses meus ensinamentos e vive de acordo com eles é como um homem sábio que construiu a sua casa na rocha.

25 – Caiu a chuva, vieram as enchentes, e o vento soprou com força contra aquela casa. Porém ela não caiu porque havia sido construída na rocha.

26 – Quem ouve esses meus ensinamentos e não vive de acordo com eles é como um homem sem juízo que construiu a sua casa na areia.

27 – Caiu a chuva, vieram as enchentes, e o vento soprou com força contra aquela casa. Ela caiu e ficou totalmente destruída.

PRESTE ATENÇÃO!

- **"Mateus"** é o título do livro, *nome do livro*. Veja no alto da página.
- **"7"** é o número que indica o *capítulo*.
- **"24-27"** são os números que indicam os *versículos*.

Para encontrar o texto na Bíblia, você tem que ler na ordem seguinte: Nome do livro, capítulo e por último versículos.
Veja detalhes a seguir.

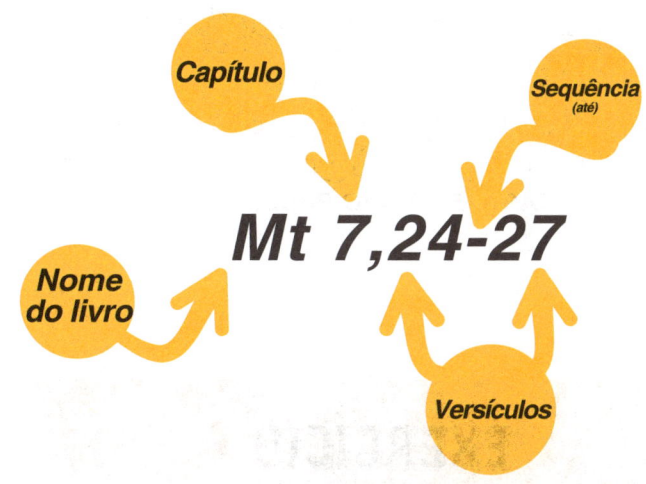

A BÍBLIA PARECE UMA BIBLIOTECA

ANTIGO TESTAMENTO
Veja quantos livros ela tem

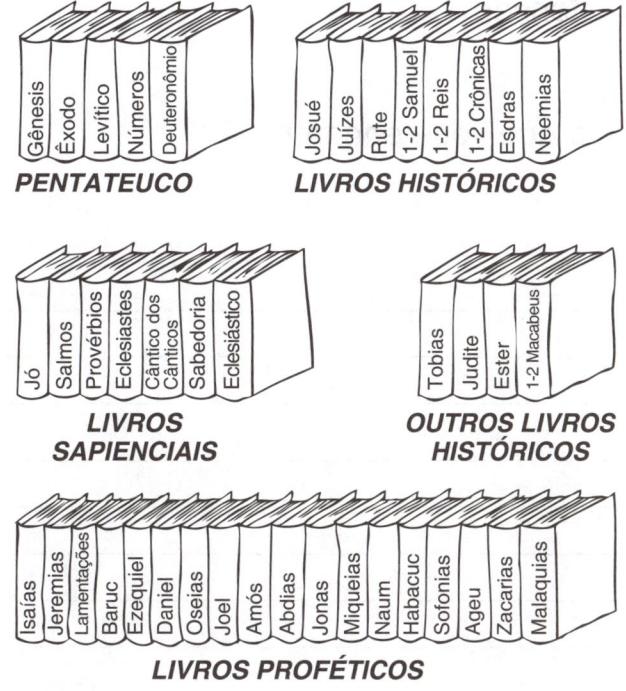

NOVO TESTAMENTO
Veja quantos livros ela tem

EXERCÍCIO

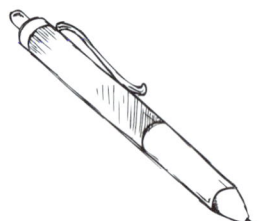

Procure no Evangelho o nome do livro, capítulo e versículo que se pedem.

Exemplo: o primeiro pedido é Mt 11,28 (Mateus).
Leia e procure com atenção.

Encontrou? Parabéns!
Agora escreva o texto que você encontrou.

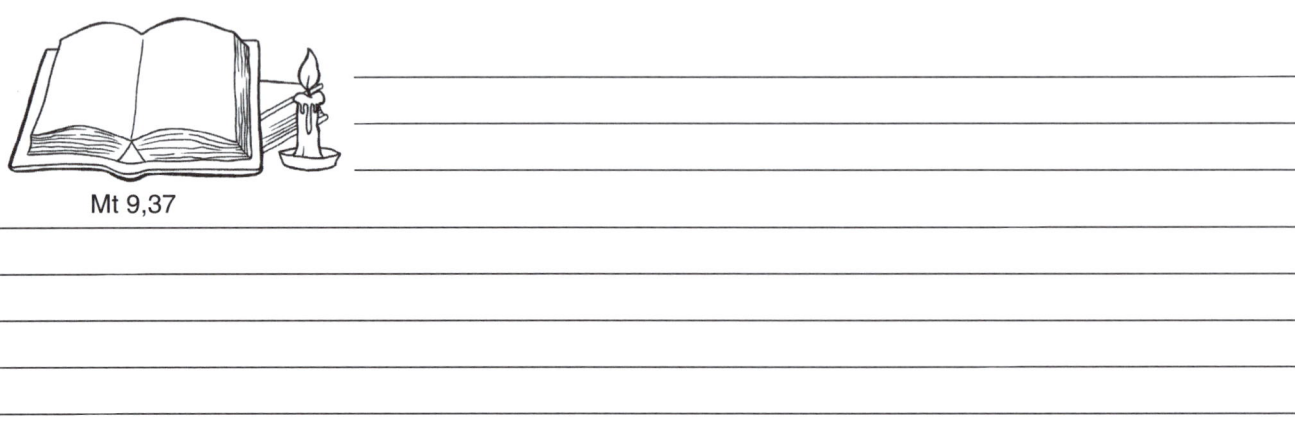

Mt 9,37

2º ENCONTRO

Mc 16,16

Lc 21,23

Jo 15,9

3º ENCONTRO

CONHECER

(E) ANUNCIAR

CONHECER JESUS NOS QUATRO EVANGELHOS

MARCOS   MATEUS   LUCAS   JOÃO

Os amigos de Jesus continuaram a missão de Jesus.
Eles fundaram comunidades em nome de Jesus.
Mas as comunidades não conheceram a pessoa de Jesus aqui na terra.
As pessoas ouviam falar as coisas bonitas que Jesus fez, falou e ensinou.

Pediam: *"Queremos conhecer Jesus!"*

E perguntavam:
Onde ele nasceu?
Onde viveu?
Como era sua família?
Quem eram seus pais?
Por que foi condenado?
Por que morreu na cruz?

A curiosidade e as perguntas das comunidades animaram **Marcos, Mateus, Lucas e João** a escreverem – nasceram os Evangelhos.

Os Evangelhos ajudaram as comunidades a conhecer Jesus, amá-lo e ficar fortes na fé.

O Evangelho foi catequese dos primeiros cristãos!

Agora com **Marcos, Mateus, Lucas e João** vamos *seguir os passos de Jesus*.

4º ENCONTRO

DEUS

ESCOLHE

MARIA

MARIA, ESCOLHIDA DE DEUS

Vamos conhecer a Mãe de Jesus
Lucas vai contar: 1,26-56

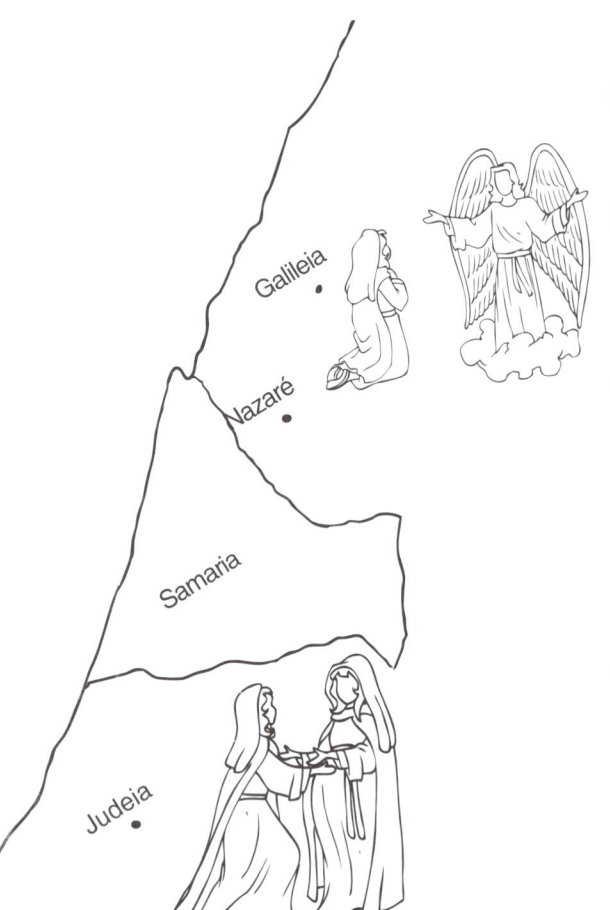

Depois de muito tempo, chegou o tempo de Jesus vir a esta terra.

Jesus precisava de uma mãe.

Deus Pai escolheu Maria para ser a mãe de Jesus.

Ela mora em Nazaré, na região da Galileia.

Maria é jovem fiel e bondosa.

Deus enviou o Anjo Gabriel para falar com Maria:

"Ave, Maria, cheia de graça".
Maria ficou assustada!
O anjo disse:
"Não tenha medo, Maria".
"Deus escolheu você para ser a mãe do Salvador" (Jesus).
Maria disse ao anjo:
"Não conheço homem!"
O anjo respondeu:
"Você vai ser mãe pelo poder do Espírito Santo".
Então, Maria respondeu:
**"Eu sou a serva de Deus.
Sim, aceito a vontade de Deus."**

PELA VIDA:
Maria é a serva do Senhor!

FAÇA:
Estude a oração da Ave-Maria

REZE:
Em nome do Pai e do Filho e do Espírito Santo.
Mãe de Jesus, pede a Jesus por todos nós.
Quero conhecer e amar Jesus. Amém.

Ave, Maria,	Olá, Maria!
cheia de graça,	Maria, cheia de amor, sempre foi uma pessoa fiel a Deus.
o Senhor é convosco,	Deus está sempre com Maria.
bendita sois vós entre as mulheres	Bendita (feliz e abençoada) porque Deus escolheu para ser mãe de Jesus.
e bendito é o fruto do vosso ventre, Jesus.	Jesus era o bebê que Maria estava esperando.
Santa Maria, Mãe de Deus, rogai por nós, pecadores, agora e na hora de nossa morte.	Pedimos a ajuda de Maria durante toda a nossa vida e também na hora de nossa morte.

FAÇA UM MOMENTO DE SILÊNCIO DIZENDO:
"Eis a serva do Senhor!"

"Eis aqui a serva do Senhor", assim falou Maria.
AVE-MARIA
Para aprender, leia esta oração com muita atenção e carinho.

5º ENCONTRO

MARIA

VISITA

(SUA) PRIMA

MARIA VISITA SUA PRIMA ISABEL

Lucas vai contar: 1,39-45

Maria recebe o aviso do Anjo dizendo que sua prima Isabel espera um filho. Depressa ela vai se encontrar com Isabel que morava na região da Judeia. Maria ficou surpresa, porque sabia que Isabel não podia ter filhos, ela e seu marido Zacarias já eram idosos.

Nesse tempo a mulher sem filhos sofria, porque pensava que não era abençoada por Deus!

Mas Deus ouviu a oração de Isabel e Zacarias!

Isabel teve um filho que recebeu o nome de João.

Maria ficou muito feliz, porque Deus mostrou a sua bondade dando a Isabel um filho. Isto mostra que Deus está presente no seu povo.

PELA VIDA:
Você é feliz, porque foi escolhido por Deus.

FAÇA:
Faça um momento de silêncio e agradeça a Deus a sua vida e a vida de seus pais.

REZE:
Em nome do Pai e do Filho e do Espírito Santo. Amém.
Ave, Maria, cheia de graça... Amém.

6º ENCONTRO

JOSÉ

JOSÉ, PAI ADOTIVO DE JESUS

Mateus vai contar: Mt 1,18-25

José era da família de Davi.
José e Maria estavam noivos.
José era carpinteiro, um homem bom, honesto e trabalhador.
Antes do casamento, Deus pediu para Maria ser mãe de Jesus.
Ela ficou grávida pelo poder do Espírito Santo.
José quando soube da gravidez de Maria ficou muito triste.
Então resolveu acabar o noivado sem que ninguém soubesse.
Uma noite, quando dormia, ele sonhou com o anjo que disse:

"Não tenha medo de receber Maria como sua esposa, ela está grávida pelo poder do Espírito Santo.
Ela terá um menino e ele se chamará Jesus".
Quando José acordou, obedeceu ao anjo e casou-se com Maria.
José é pai adotivo de Jesus e cuidou de Jesus com todo amor.
Veja: Mt 1,18-21

PELA VIDA:
Quero aprender com José a confiar em Deus.

FAÇA:
Procure em Mateus 1,18-21. Conte de novo a história.

REZE:
**Em nome do Pai e do Filho e do Espírito Santo.
São José, ajuda-me a ser uma pessoa de bondade e carinho.**

ATIVIDADES

7º ENCONTRO

ÉPOCA (DE) **JESUS**

A ÉPOCA ANTES DE JESUS NASCER

Lucas vai contar: Lc 2,1-7

A família de **Jesus** e o povo judeu precisavam trabalhar muito para viver, porque os romanos dominavam o país da Palestina.
Todos pagavam impostos para o Imperador romano.
O povo era explorado, sofria e não tinha liberdade.
O Imperador resolveu fazer um cadastro de todas as pessoas do Império.
O Imperador mandou uma ordem: todas as pessoas devem dar o seu nome na sua cidade.
Maria já estava grávida, mas mesmo assim ela e José foram a Belém sem medo.
Quando José e Maria chegaram a Belém, chegou a hora de Jesus nascer.
Então, não havia lugar para eles; todos os quartos estavam ocupados.
Maria e José tiveram que ficar num estábulo.

7º ENCONTRO

PARA CONHECER

Israel

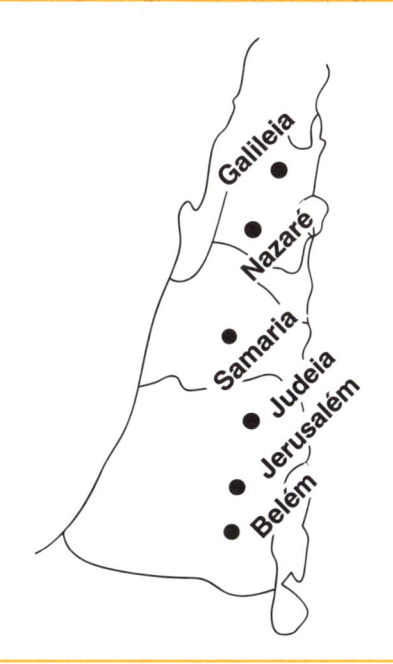

- Galileia
- Nazaré
- Samaria
- Judeia
- Jerusalém
- Belém

Brasil em proporção com a terra de Israel

Israel = Sergipe

PELA VIDA:
A família de Jesus foi sempre obediente.
Quero que minha família seja igual à família de Jesus.

FAÇA:
Ver na TV ou na revista a realidade de guerra no mundo. Depois vamos conversar.

REZE:
Em nome do Pai e do Filho e do Espírito Santo. Amém.
Dá-nos, Senhor, a paz! Livra-nos de toda maldade. Amém.

8º ENCONTRO

NASCIMENTO (DE) JESUS

O NASCIMENTO DE JESUS

Lucas vai contar: 2,6-14

Quando **Maria** e **José** chegam a Belém, Jesus nasceu.
Maria o envolveu em panos e o colocou numa manjedoura.
Maria e José deram ao bebê o nome de Jesus.
Na noite em que Jesus nasceu, os pastores estavam cuidando das ovelhas nos campos perto de Belém.
Um anjo apareceu aos pastores, avisando que Jesus, o Salvador, havia nascido em Belém.
Os pastores foram a Belém para adorar o menino Jesus.
Uma estrela guiava os três magos que procuravam Jesus.
De repente a estrela sumiu! Ficaram perdidos.
Foram então ao palácio de Herodes.
O rei Herodes pede aos magos:

**Vão e procurem.
Quando o encontrarem,
avise-me, para eu ir também adorá-lo.**

Mas o rei não queria adorá-lo, queria mesmo é matá-lo.
Um anjo disse a José que levasse Maria e Jesus para o Egito, um país distante de Belém.
Herodes não iria procurar Jesus nesse lugar.
José obedeceu e levou Maria e o menino Jesus para o Egito.
José, Maria e Jesus estavam no Egito, quando os soldados de Herodes chegaram a

Belém. Todos os bebês de 0 a 2 anos de idade que encontraram, eles mataram. Depois que o rei Herodes morreu, um anjo disse a José que levasse Jesus e Maria para casa.

A família de Jesus voltou para casa em Nazaré.

Vamos ler: Mateus 1,18-25 e Mateus 2,1-23

FIQUE SABENDO:
**Os magos são chamados de sábios.
Diz a lenda que eles são: Melchior, Gaspar e Baltasar.**

Os magos chegaram à cidade de Belém, trazendo presentes: ouro, mirra e incenso.

SIGNIFICAÇÃO DOS PRESENTES:

No tempo de Jesus, O OURO era um presente para um rei (os magos reconheciam Jesus como rei).

O **INCENSO** era um presente para um sacerdote (eles reconhecem Jesus como um consagrado de Deus).

A **MIRRA** (reconhecem Jesus como profeta).

PELA VIDA:
Celebração do nascimento de Jesus.

FIQUE SABENDO:
Vimos sua estrela e viemos adorar.

PARA FAZER:
Faça uma coleta de fraldas ou roupinhas para dar a um bebê pobre.

REZE:
Em nome do Pai e do Filho e do Espírito Santo.
Glória a Deus nas alturas e paz aos homens de boa vontade!

ATIVIDADES

9º ENCONTRO

CIRCUNCISÃO

A CIRCUNCISÃO DOS JUDEUS

Lucas vai contar: Lc 2,21-24

Depois de oito dias do nascimento do menino, José e Maria o levaram ao Templo em Jerusalém.
Lá ele foi circuncidado, puseram nele o nome de Jesus.
Esse nome o anjo tinha dado ao menino antes de ele nascer.

Os pais de Jesus foram até o Templo com a criança para cumprirem a Lei de Moisés.
Maria fez a cerimônia de purificação depois do nascimento do primeiro filho.
A família apresentou Jesus ao Senhor no Templo.

A circuncisão é o rito que faz o menino pertencer a Aliança que Deus fez com Abraão.
O menino quando crescer vai assumir a religião, os costumes e os valores de seu povo.
Vai aprender as leis e a história do seu povo.
Vai aprender tudo o que Deus fez para seu próprio povo.
Vai aprender a ser fiel e obediente às leis de Deus.

A circuncisão é um rito no qual se corta
a membrana externa do órgão masculino.

PELA VIDA:
Eu também quero ser como Jesus, filho de Deus!

FAÇA OFERTA:
Converse com seu grupo e combine com eles fazer
uma oferta a um recém-nascido.
Não se esqueça do que foi combinado.

REZE:
Em nome do Pai e do Filho e do Espírito Santo. Amém.
Eu louvo, amo e agradeço o imenso amor de Deus por mim.

ATIVIDADES

_____
_____
_____

10º ENCONTRO

BATISMO

O BATISMO CRISTÃO
MEU BATISMO

Eu criatura de Deus e também amada por Deus e por meus pais.
Romanos 6,3

BATISMO DE CRIANÇA

BATISMO DE ADULTO

Quando eu era bebê meus pais me levaram para ser batizado.
Meus pais e padrinhos foram responsáveis por mim. Eles *me ensinam a fé.*
A partir desse dia, começou meu compromisso com Deus.
O batismo me fez filho(a) de Deus.
Sou da igreja e desejo ser fiel a ela.

FIQUE SABENDO:
Nossa Igreja batiza meninos e meninas.
No começo da Igreja só os adultos podiam ser batizados.
Hoje as crianças recebem o batismo e os pais e os padrinhos responsáveis ensinam a fé.

O BATISMO e a CIRCUNCISÃO acontecem somente uma vez:
São sinais de pertença a Deus.

FIQUE SABENDO:
Nosso batismo é feito em nome do Pai, do Filho e do Espírito Santo.
Somos filhos(as) amados(as) por Deus.

FAÇA O SEGUINTE:
Pergunte o nome dos seus padrinhos de batismo.
Pergunte quando foi batizado e o nome da igreja em que recebeu o batismo.

REZE:
Em nome do Pai e do Filho e do Espírito Santo. Amém.
Senhor, ajuda-me a ser fiel ao meu batismo.

ATIVIDADES

11º ENCONTRO

JESUS

MENINO

JESUS MENINO

Lucas vai contar: 2,41-50

JESUS AOS DOZE ANOS

Jesus aos doze anos vai com sua família em peregrinação a Jerusalém.
Na hora de voltar para casa, **Jesus** fica em Jerusalém.
Seus pais pensavam que ele estava no grupo de volta, com parentes e amigos.
Ficaram preocupados e retornaram a Jerusalém para procurar Jesus.
Três dias depois encontraram o menino Jesus no Templo, no meio dos doutores da Lei.
No Templo, Jesus, sentado no meio dos doutores da Lei, ouvia o que diziam e fazia perguntas.
Os doutores da Lei ficaram admirados com a inteligência e respostas que o menino Jesus dava.
Os pais também ficaram admirados e sua mãe lhe disse:

"Meu filho, por que foi que você fez isso conosco?"
Jesus, surpreso, respondeu:
"Por que vocês estavam me procurando?
Não sabiam que eu devia estar na casa de meu Pai?"

Jesus volta com seus pais para a sua casa em Nazaré.
Continuava a ser um filho obediente e sua mãe guardava tudo isso no coração.
O Evangelho nos conta que "Ele crescia em idade e sabedoria".
Ao completar **treze anos de idade**, o jovem passa por uma cerimônia chamada de **Bar Mitzvah** para se tornar membro adulto da comunidade.
Nessa cerimônia, ele faz aliança com Deus e se compromete a estudar e praticar todos os mandamentos da **Torá** *(Bíblia)*.

Rabi, mestre da Sinagoga, faz uma bênção com as seguintes palavras bíblicas:

"O Senhor te abençoe e te guarde!"
"O Senhor faça brilhar o seu rosto sobre ti e te seja bom!"
"O Senhor mostre para ti a sua face e te dê a paz!".
Veja: Nm 6,24-26.

A partir dessa bênção, o jovem é membro adulto da comunidade.

JESUS AOS DOZE ANOS

FIQUE SABENDO:
Jesus crescia em idade e sabedoria.

PELA VIDA:
Pedir a graça para ser obediente a Deus e à família.

REZE:
Em nome do Pai e do Filho e do Espírito Santo. Amém.
Rezar pelas crianças perdidas de seus pais.
Anjo da Guarda, proteja todas as crianças.
Jesus, Maria, José, rogai por nós.

ATIVIDADES

12º ENCONTRO

| JESUS | APRENDE (A) | TRABALHAR |

JESUS APRENDE A TRABALHAR E CONHECER A PALAVRA DE DEUS

Lucas vai contar: Lc 2,1-7

Jesus nasceu em **Belém**, na região da **Judeia**, mas viveu e cresceu em **Nazaré**, na região da **Galileia**.
Era uma criança alegre, amando e respeitando os pais.
Jesus não foi à escola. Não foi doutor da Lei.
Jesus foi crescendo e aprendendo a trabalhar como carpinteiro.

Gostava de ir à **Sinagoga**, onde rezava e aprendia a Palavra de Deus.
Todos os anos ele e sua família visitavam o **Templo** em **Jerusalém**.
No Templo fazia sua oferta a Deus.
José e Maria ensinavam as leis de Deus para Jesus.
É na família que Jesus recebeu a fé.

FIQUE SABENDO:
Sinagoga = casa de oração.
Templo: onde se ofereciam sacrifícios (construção grande).

Leia as frases abaixo.
Responda por escrito o que pedem. **Mt 2,1 e Lc 1,5**

FAÇA:
Conversar com seus amigos sobre a sua família. De onde vieram seus pais?

REZE:
Em nome do Pai e do Filho e do Espírito Santo. Amém.
Obrigado(a) Deus que me deu seu amor!

CONHECER JESUS

Conte o que você aprendeu sobre a vida de Jesus respondendo às perguntas abaixo.

1) Onde Jesus nasceu?
2) Onde fica essa cidade?
3) Em que cidade Jesus cresceu com sua família?
4) Como era a época de Jesus?
5) Jesus frequentou a escola?
6) Foi doutor da Lei?
7) Qual era a religião de Jesus?
8) A família de Jesus era rica ou pobre?
9) Jesus era uma criança alegre e amiga de todos?
10) Qual foi a profissão que Jesus aprendeu de seu pai?
11) Jesus ia sempre à Sinagoga?

RESPOSTAS

EU E A MINHA HISTÓRIA:

**Leia as perguntas abaixo e pense nas respostas.
Não fale nada, somente pense.**

- Onde você nasceu? Em que Estado fica sua cidade?
- Você mora com quem?
- Qual é profissão de seus pais?
- Você frequenta a escola?
- O que você aprende na escola?
- Você é alegre? É amigo de todos?
- Você é legal?
- Como é o povo de hoje?
- Você frequenta a igreja?
- O que você aprende na igreja?
- Qual é a religião de sua família?
- O que você quer receber de Jesus?

**Agora cada um vai contar sua história.
Depois vamos conversar em grupo a história de Jesus.**

ATIVIDADES

13º ENCONTRO

| ANTIGO | TEMPLO | JUDEU |

O TEMPLO DA ÉPOCA DE JESUS

Lucas vai contar: 2,41-42

TEMPLO NA ÉPOCA DE JESUS

TEMPLO NOS DIAS DE HOJE

Esse **Templo** foi construído pelo **Rei Salomão**. Era um templo muito grande, bonito e famoso. O povo tinha orgulho de seu Templo.

No Templo se ofereciam os sacrifícios a **Deus**. Era o local onde o povo rezava e cumpria promessas.

Esse Templo era um centro religioso, era também o centro político na época de **Jesus**.

A *Arca da Aliança* ficava no Templo.

Jesus foi várias vezes ao Templo de Jerusalém.

Esse Templo foi destruído pelos inimigos.

Os inimigos podem destruir um Templo, mas não conseguem destruir a fé de um povo.

FIQUE SABENDO:
Pelo batismo eu sou templo de Deus.
Fique sabendo também o que Jesus fez nesse Templo.
Veja Lucas 19,45-48

PELA VIDA:
**Quando você entrar em uma Igreja ore.
A Igreja é a casa de Deus!**

REZE:
**Em nome do Pai e do Filho e do Espírito Santo. Amém.
Jesus, protege nossa Igreja.**

ATIVIDADES

14º ENCONTRO

JOVENS   HOJE

A ADOLESCÊNCIA DE HOJE

Os jovens gostam de uma vida de muito prazer e festas, de alegria e de baladas. Mas as amizades que se fazem nas baladas não merecem confiança.

As amizades (a maioria) são falsas e perigosas. É preciso muito cuidado com certos amigos.

As boas amizades seguem o bom caminho de Deus e nos trazem felicidades.

O bom caminho é o lugar de todos os jovens e de pessoas de qualquer idade.

PELA VIDA:
O que eu desejo de coração para a minha vida?
O que é importante para um jovem hoje?

FAÇA:
Converse com um jovem e convide-o para um encontro na Igreja.

REZE:
Em nome do Pai e do Filho e do Espírito Santo. Amém.
Jesus, que também foi jovem, ensina-me a ser um jovem diferente, porque amo a Deus e às pessoas.
Ajuda-me a ser fiel.

15º ENCONTRO

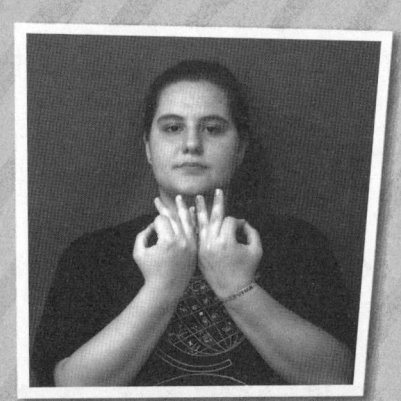

FAMÍLIA   HOJE

A FAMÍLIA DE HOJE

É muito importante se preparar para o casamento.

Os jovens recebem o sacramento do matrimônio para iniciar uma vida de casados.

Assim, é uma família cristã.
Com Jesus o casal deseja viver como viveu a família de Nazaré.

A família é a primeira escola da vida para os filhos.
Os pais são modelos para os filhos.

LEIA A BÍBLIA, ESTUDE E APRENDA:
O que é preciso para ser uma família igual a de Jesus.
Procure em Mt 12,46-50.

PELA VIDA:
Abrace seus pais e diga a eles muito obrigado(a).

REZE:
Em nome do Pai e do Filho e do Espírito Santo. Amém.
Jesus, Maria, José, rogai por nós e por minha família.

16º ENCONTRO

MISSÃO (DE) **JESUS**

O BATISMO DE JESUS
JESUS COMEÇA A SUA MISSÃO

Lucas vai contar: 3,21-23

Jesus aos *trinta anos* começa sua missão.
Ele anuncia a **Boa Nova do Reino** para o povo.
Antes de começar a missão Jesus procura **João Batista**.

João Batista batizava as pessoas no Rio Jordão.
Ele pedia às pessoas para mudar de vida.
Jesus também quis receber o batismo de penitência de **João Batista**.
Quando **Jesus** entrou no Rio Jordão, o céu se abriu e as pessoas ouviram o seguinte:

"Este é meu Filho muito amado".
O Espírito Santo desceu sobre Jesus.
As pessoas viram uma pomba sobre Jesus.
Jesus agora está cheio da força do Espírito Santo para pregar ao povo.

FIQUE SABENDO:

Jesus = Salvador. Esse é o nome de Jesus.
**As pessoas chamavam Jesus de:
Mestre, Filho do homem – Filho de Davi.**

Conversão = Arrependimento dos pecados.
Prometer e se esforçar para não pecar mais.
Mudar de vida.

VAMOS CONVERSAR:

Quantos anos tinha Jesus quando começou a pregar?
Onde Jesus foi batizado?
O que Jesus ouviu no momento do batismo?

PELA VIDA:

Leia e aprenda: Mateus 3,17.

REZE:

Em nome do Pai e do Filho e do Espírito Santo. Amém.
Glória ao Pai, ao Filho e ao Espírito Santo. Amém.
Eu amo o nosso Deus, que é Pai, é Filho, é Espírito Santo.

ATIVIDADES

_____
_____
_____
_____
_____
_____
_____
_____
_____
_____
_____

17º ENCONTRO

JESUS   ENSINA

A VIDA PÚBLICA DE JESUS
JESUS COMEÇA A SUA PREGAÇÃO

Lucas vai contar: 4,16-22

Jesus andava por muitos lugares para anunciar a **Boa Notícia do Reino** às pessoas.

Qual era a novidade?
- Verdade.
- Esperança.
- Amor de Deus por todos nós.
- Uma vida nova.
- A própria pessoa de Jesus no meio de nós.

Ele ensinava nas **sinagogas** e **nas praças das cidades**.
Um dia, na Sinagoga, Jesus abriu o livro do profeta Isaías e leu:

"O Senhor me deu o seu Espírito.
Ele me escolheu para levar a boa notícia aos pobres e me enviou para anunciar a liberdade aos presos, dar a vista aos cegos, libertar os que estão oprimidos e anunciar que chegou o tempo em que o Senhor salvará o seu povo".
Lc 4,18-19

Jesus anunciava que o **Reino de Deus** já estava no meio de nós.

17º ENCONTRO

FIQUE SABENDO:
Sinagoga = casa de oração.
É também escola dos judeus para aprender a Bíblia.

Oprimidos = sofredores
Uma pessoa que sofre maldade de outras pessoas.

VAMOS CONVERSAR:
Jesus estava sempre na mesma cidade?
Qual o nome do profeta que ele leu na Sinagoga?
O que dizia o Profeta?

PELA VIDA:
Leia o profeta Isaías 61,1-3

REZE:
Em nome do Pai e do Filho e do Espírito Santo. Amém.
Glória ao Pai, ao Filho e ao Espírito Santo. Amém.

ATIVIDADES

_____
_____
_____
_____
_____
_____
_____
_____
_____
_____
_____
_____
_____
_____

18º ENCONTRO

(A) MISSÃO   (DE) JESUS

A MISSÃO DE JESUS

Marcos vai contar: Mc 3,13-19

Para começar sua missão, pregar a Boa Notícia, Jesus chamou seus discípulos. Escolheu doze apóstolos e os chamou de apóstolos.

Os doze foram os seguintes:

Simão, a quem **Jesus** deu o nome de **Pedro**, **Tiago** e **João** (irmãos), **André** (irmão de Pedro), **Filipe, Bartolomeu, Tomé, Mateus, Tiago, Judas Tadeu, Simão, Judas Iscariotes** (aquele que depois traiu Jesus).

Qual era a Boa Notícia que Jesus falava?
Era o Reino de Deus em nós.
Era o próprio Jesus vivendo no meio de nós.

O povo gostava de ouvir a palavra de Jesus.
Assim, a cada dia mais aumentava o número de pessoas que seguiam Jesus.
Jesus perdoou os pecadores, curou doentes.
A fama de Jesus era grande.
Ensinava as pessoas que erraram para não errar mais.
Os apóstolos acompanharam Jesus durante três anos.
Receberam ensinamentos para viver como filhos de Deus.
Era como se Jesus tivesse uma "escola" e fosse o "professor".
Os doze apóstolos seriam seus "alunos".
Depois da morte de Jesus, os apóstolos transmitiram ao mundo os ensinamentos dele.
Os discípulos também transmitiram os ensinamentos de Jesus.

PARA SABER:
Qual o nome dos apóstolos?

PESQUISE:
Vá ao Evangelho e encontre: Mt 10,1-16.

REZE:
Em nome do Pai e do Filho e do Espírito Santo.
Amém.
Jesus, envia missionários para nós.

19º ENCONTRO

ORAÇÃO

OS DISCÍPULOS VEEM JESUS ORAR AO PAI
"MESTRE, ENSINA-NOS A REZAR"

Jesus pregava muito a todo o povo, mas não deixava de rezar. Mesmo estando cansado, sempre rezava.
Os apóstolos sempre viam Jesus rezar a **Deus** *como filho dele*. Ficavam admirados!
Ele conversava com **Deus** com muito respeito e muito amor.
Os apóstolos, vendo isso, desejavam rezar igual a Ele, então pediram:

"Mestre, ensina-nos a rezar".
Jesus então ensinou a eles o Pai-nosso.

PARA EXERCITAR:
Ore como você aprendeu: Pai nosso...

19º ENCONTRO

PELA FAMÍLIA E PELA COMUNIDADE:
Ajude as pessoas de sua casa e da comunidade.

REZE AGORA PARA ENCERRAR:
Em nome do Pai e do Filho e do Espírito Santo. Amém.
Jesus ensinou o Pai-nosso aos apóstolos.
Celebração: Entrega do Pai-nosso.

**Agora você vai entender o Pai-nosso.
Leia com bastante atenção a explicação a seguir.**

Pai nosso, que estais no céu,	Todos somos filhos de Deus. Deus está nos céus, mas está também em todos os lugares onde há amor, paz e alegria.
santificado seja o vosso nome,	Nós devemos louvar e respeitar o nome de Deus e não falar seu nome por brincadeira.
venha a nós o vosso reino,	O reino de Deus é liberdade, fraternidade, justiça e amor. Queremos que o reino venha, mas sabemos que já começa aqui, entre nós.
seja feita a vossa vontade, assim na terra como no céu.	A vontade de Deus é que haja paz entre os homens, como no céu. Devemos trabalhar para haver justiça.

O pão nosso de cada dia nos dai hoje,	O pão é alimento de nosso corpo. O alimento para o corpo, conseguimos com trabalho. O alimento para nossa alma, conseguimos com Palavra de Deus e orações, participando da comunidade e dos sacramentos.
perdoai-nos as nossas ofensas, assim como nós perdoamos a quem nos tem ofendido,	Jesus diz que precisamos pedir perdão às pessoas que nos fazem mal. Se vocês não perdoarem os outros, Deus também não perdoará vocês.
e não nos deixeis cair em tentação,	Pedir a Deus forças para evitar o mal e as tentações do pecado.
mas livrai-nos do mal.	Jesus quer que peçamos a nosso Pai sua ajuda para nos livrar do mal.
Amém.	Estamos aceitando o que essa oração diz.

20º ENCONTRO

JESUS

PREGA

O QUE JESUS FEZ?
OS MILAGRES DE JESUS

Jesus só fazia o bem:
- Curou muitos doentes.
- Perdoou as pessoas que pecaram.
- Foi misericordioso com os pecadores.
- Sempre desejou paz às pessoas.

Ele disse:
"Eu vim para que todos tenham vida!"

Veja no Evangelho João 5,1-9

20º ENCONTRO

Veja no Evangelho Marcos 7,31-37

VAMOS CONVERSAR:
Sobre os gestos de bondade que Jesus fez.
Qual o gesto que você mais gostou?

PELA VIDA:
Ver e refletir sobre os gestos de Jesus.
Esforçar-se para fazer um gesto de bondade igual ao de Jesus.

REZAR:
Em nome do Pai e do Filho e do Espírito Santo.
Eu creio em Jesus que é o meu Salvador e meu pastor.

ATIVIDADES

_____
_____
_____
_____
_____
_____
_____
_____
_____
_____
_____
_____
_____
_____

21º ENCONTRO

O QUE FAÇO?

O QUE FAÇO PARA JESUS?

FIQUE SABENDO O QUE JESUS FEZ POR NÓS.
Fez gestos de bondade para com todas as pessoas.
Deu carinho, olhando os pobres e os que sofrem.

SUGESTÃO:
Conversar com seus colegas como Jesus vive no meio de nós.
Partilhar com os colegas sobre as pessoas boas.
Fazer o bem aos outros.

PARA SABER MAIS:
As pessoas ficaram santas porque amaram Jesus.
Deram sua vida a Jesus prestando serviço aos irmãos.

EXEMPLOS:
São Francisco, Santa Teresinha, Santo Antônio, São Frei Galvão e outros.

| Santa Teresinha | São Francisco de Assis | São Frei Galvão | Santo Antônio | Santa Paulina |

PARA VIVER:
Ajudar na união da família.

PARA REZAR:
Em nome do Pai e do Filho e do Espírito Santo. Amém.
Fale a Jesus sobre o seu desejo de ser santo(a), de ser bom (boa).
Rezar o Pai-nosso.

22º ENCONTRO

JESUS   ENSINA   PARÁBOLAS

JESUS ENSINAVA POR PARÁBOLAS

A **parábola** é um modo de ensinar fazendo comparação, dando exemplos e fazendo a pessoa pensar.
As parábolas são como histórias que ajudam a compreender todas as ações de Jesus e o que Ele mesmo quer ensinar.

USANDO PARÁBOLAS
Jesus conversava com seus discípulos e o povo e ensinava o que era o **Reino de Deus**.

O **Reino de Deus** é aceitar **Jesus em seu coração**.
É *preciso seguir* a Jesus, para perceber que *o **Reino de Deus*** está se aproximando.

Veja algumas parábolas:

PARÁBOLA DO SEMEADOR – Mc 4,3-8

22º ENCONTRO

Aceita, mas esquece depressa a palavra de Deus.

Aceita a palavra de Deus, mas desanima logo.

Aceita a palavra de Deus, mas prefere outras coisas.

Aceita a palavra de Deus, acolhe com amor e vive a palavra de Deus.

PARÁBOLA DO SAMARITANO – Lc 10,30-37

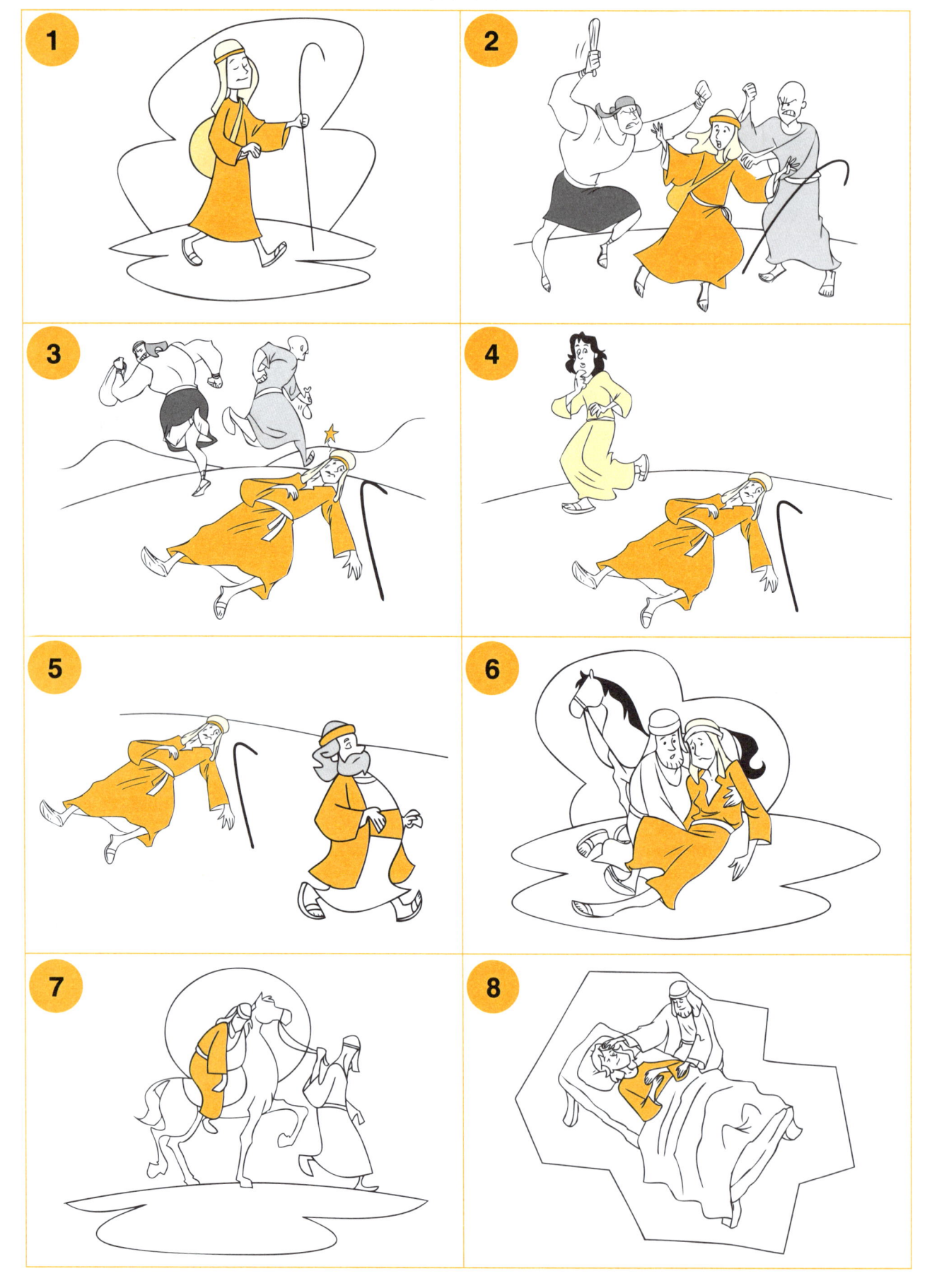

Têm muitas outras parábolas.
Elas nos ajudam a compreender como devemos viver como filho(a) de Deus.

22º ENCONTRO

PARA SABER:
O que ensina a parábola do bom samaritano?

PELA VIDA:
Ler a parábola da semente: Mc 4,3-8

ORE:
Em nome do Pai e do Filho e do Espírito Santo. Amém.

ATIVIDADES

23º ENCONTRO

SEGUIR **JESUS**

SEGUIR JESUS

A CATEQUESE AJUDOU:
Você a conhecer **Jesus**.
Você ficou sabendo que **Jesus** ama as pessoas.
Você aprendeu a amar as pessoas, como **Jesus** ama.

A CATEQUESE AJUDOU VOCÊ:
A abrir a porta de seu coração para **Jesus**.
A abrir a porta de seu coração para **Deus**.
Ficou sabendo que **Deus** é nosso Pai.
Aprendeu a amar **Jesus** e **Deus**.

A CATEQUESE VAI CONTINUAR AJUDANDO VOCÊ:
Sabe por quê?
Porque você mostrou que ama **Jesus** e as pessoas.
Porque você abriu seu coração para seguir **Jesus**.

TERMINAMOS AQUI A PRIMEIRA ETAPA DA CATEQUESE

Você sente que abriu a porta do seu coração a Jesus?
Você agora é capaz de também amar as pessoas?
De perdoar?
De compreender?
Agora vamos para a segunda etapa.
Vamos aprofundar o conhecimento sobre Jesus, sua Igreja e nossos sacramentos.

VAMOS NOS PREPARAR PARA RECEBER JESUS NA EUCARISTIA

PARA VIVER:
Amar a Jesus e não amar as pessoas é ser mentiroso(a).
Procure: 1Jo 4,20.

PARA REZAR:
Em nome do Pai e do Filho e do Espírito Santo. Amém.
Obrigado(a), meu Deus, por tudo que aprendi
com meus colegas sobre Jesus.

23º ENCONTRO

Oração do **Pai-nosso** em Libras:

PAI	NOSSO,	QUE ESTAIS	NO CÉU,
SANTIFICADO	SEJA O VOSSO	NOME,	VENHA
A NÓS	O VOSSO	REINO,	SEJA FEITA
A VOSSA	VONTADE,	ASSIM NA TERRA	COMO
NO CÉU.	O PÃO	NOSSO	DE CADA DIA

NOS DAI HOJE, PERDOAI-NOS AS NOSSAS OFENSAS, ASSIM COMO NÓS PERDOAMOS A QUEM NOS TEM OFENDIDO, E NÃO NOS DEIXEIS CAIR EM TENTAÇÃO MAS LIVRAI-NOS DO MAL. AMÉM.

AVE, MARIA, CHEIA DE GRAÇA,

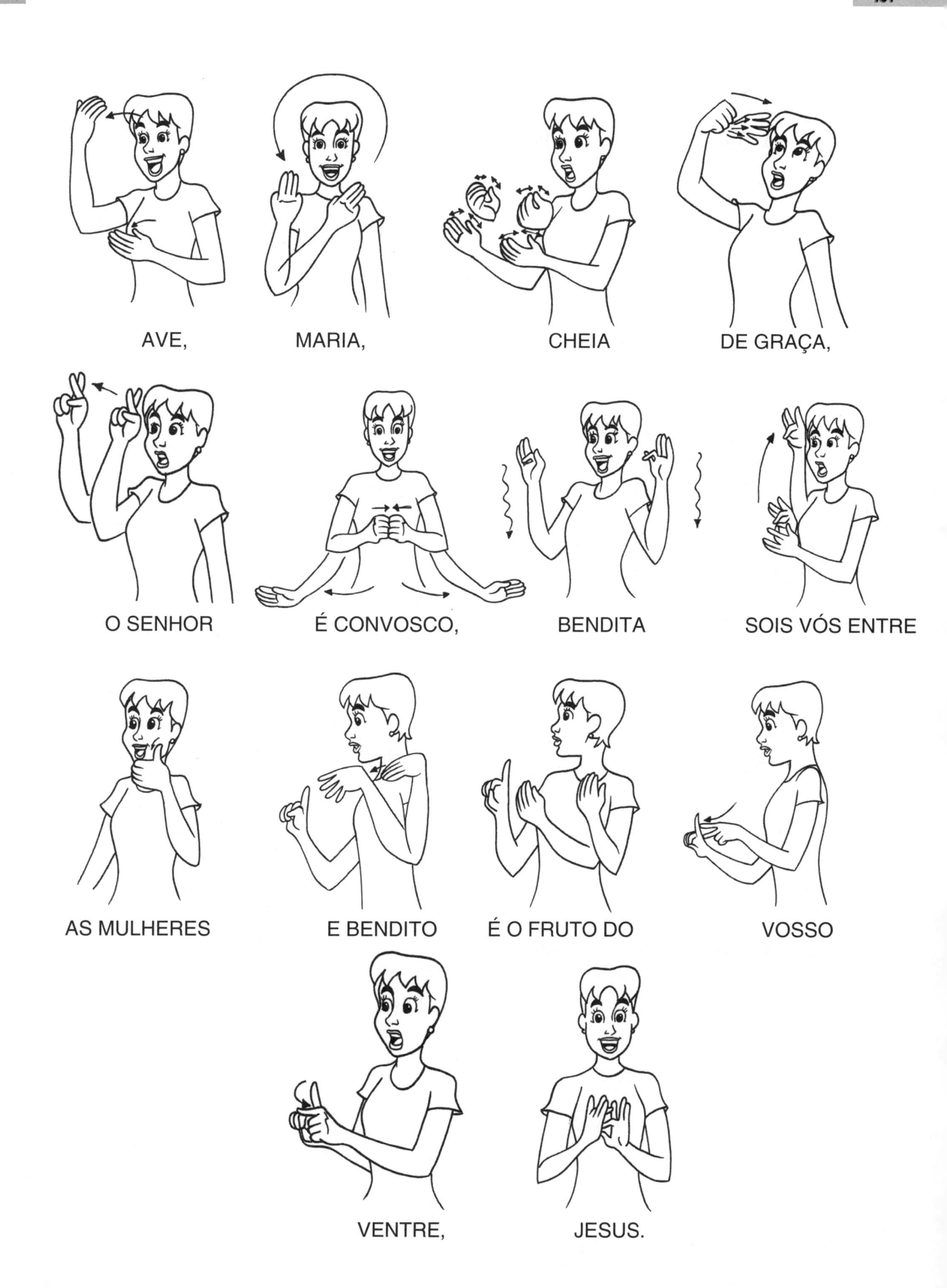

O SENHOR É CONVOSCO, BENDITA SOIS VÓS ENTRE

AS MULHERES E BENDITO É O FRUTO DO VOSSO

VENTRE, JESUS.

SANTA   MARIA,   MÃE DE DEUS,   ROGAI

POR NÓS,   PECADORES,   AGORA   E NA HORA

DE NOSSA   MORTE.   AMÉM.

GLÓRIA AO PAI E AO FILHO E AO ESPÍRITO SANTO,

COMO ERA NO PRINCÍPIO AGORA

E SEMPRE. AMÉM.

2ª ETAPA | JESUS A CAMINHO DE JERUSALÉM

1º ENCONTRO

JESUS   (EM) JERUSALÉM

JESUS SOBE A JERUSALÉM

Marcos vai contar: Mc 10,32-34

Jesus fala de sua morte aos discípulos e aos seus amigos.
Por que **Jesus** fala de sua morte?
Porque **Jesus** conhecia o seu povo, seus governantes e seus chefes.
Ele sabia que os chefes não gostavam do que ele falava, ensinava.
Jesus falava a verdade, mostrando o erro deles, as injustiças e a maldade.
Os chefes do povo se tornaram inimigos de **Jesus**.
Então procuravam um jeito para matar **Jesus**.

Abra o Evangelho e faça o que se pede abaixo.

Escreva o texto de Marcos 9,31:

_____
_____
_____
_____
_____
_____
_____

1º ENCONTRO

Escreva o texto de Marcos 10,33:

_____
_____
_____
_____
_____
_____
_____
_____
_____
_____

Jesus não tem medo de seus inimigos.
Ele vai a **Jerusalém** para a festa da **Páscoa**.
Ele avisa o que pode acontecer com Ele.
Todo judeu piedoso vai a Jerusalém para a festa da Páscoa.
É um grande dia para todos, pois lembra a libertação da escravidão.
Lembra Moisés, o grande herói do povo.
O povo agradece o poder de Deus que com Moisés libertou o seu povo do Egito.

VAMOS CONHECER A PÁSCOA JUDAICA PARA COMPREENDER A PÁSCOA CRISTÃ

Êx 12,21-28

Origem do nome: *Páscoa* (*Pessach*: em hebraico).

Vamos conhecer a origem de nossa fé.

A primeira celebração da Páscoa aconteceu há 3.500 anos.
O povo de Deus estava sofrendo muito no Egito como escravo.
Deus escolheu **Moisés** para libertar o povo hebreu da escravidão.

Deus mandou **Moisés** pedir a todas as famílias israelitas que matem um cordeiro e pintem as portas de suas casas com sangue, para que os seus filhos não fossem mortos.
Isto era um sinal da proteção de Deus.

Chegada a noite, os israelitas comeram carne de cordeiro, com *pães ázimos* (pães sem fermento) e ervas amargas.
À meia-noite, um *anjo* enviado por Deus feriu de morte todos os filhos dos egípcios.

Faraó, com medo de **Deus**, libertou o povo.
Este acontecimento é o Êxodo.

Como recordação dessa libertação, o povo faz essa festa.
Páscoa, chamada de **Pessach** em hebraico.

LEMBRE-SE:
Páscoa significa passagem.
É a passagem do **Anjo da Morte**.
Não é só a passagem dos hebreus pelo Mar Vermelho.

PELA VIDA:
Jesus vai a Jerusalém para fazer a vontade do Pai.

FAÇA:
Respeite nossos irmãos falando bem de todos eles.

REZE:
Com Deus não terei medo.

ATIVIDADES COM A BÍBLIA:
Pegue a Bíblia, abra em *Êxodo 12,21-22* e complete o texto abaixo.

1º ENCONTRO

Moisés mandou chamar todos os líderes do povo e disse:

"Escolham _____ e os matem para que todas as _____ israelitas possam comemorar a _____ .
Peguem um galho e o molhem no _____ que estiver na bacia e passem nos batentes dos lados e de cima da porta das suas casas.
E que ninguém saia durante a _____ "

RESPONDA

Quais são os fatos mais importantes do texto?

_____
_____
_____
_____
_____
_____
_____
_____
_____
_____
_____
_____
_____
_____
_____
_____
_____
_____
_____
_____
_____
_____
_____

2º ENCONTRO

(O) CORDEIRO

(EM) OFERTA

JESUS SOBE A JERUSALÉM A PÁSCOA NO TEMPO DE JESUS E HOJE

A **Páscoa** no tempo de **Jesus** era uma festa muito importante na história do povo hebreu.
Comemoravam a libertação de seu povo, eles deixaram de ser escravos.

A festa da **Páscoa** em família era comemorada com um jantar especial.
Neste jantar, o filho mais novo, como era costume, pergunta ao pai o porquê dessa refeição?
O pai então responde explicando em detalhes.
Mais perguntas podem ser feitas.
A familia nesse momento se sente como parte do povo que saiu da escravidão.
Era uma refeição que só participavam judeus e estrangeiros convertidos ao judaísmo.

LEIA ÊXODO, CAPÍTULO 12
Você ficará sabendo alguma coisa do Egito.
Você ficará sabendo como Deus agiu pela libertação do seu povo.

FIQUE SABENDO:
Jesus era um judeu piedoso e celebrava a refeição da Páscoa com seus discípulos em Jerusalém.

PARA CONTAR:
Conte para outra pessoa o que você aprendeu sobre a Páscoa judaica.

PARA REZAR:
É o Senhor que nos liberta. Deus acompanha seu povo.

ATIVIDADES

3º ENCONTRO

(OS) PASSOS   (DE) JESUS   (EM) JERUSALÉM

OS PASSOS DE JESUS EM JERUSALÉM
JESUS SOBE A JERUSALÉM

Veja João 12,12-16

Jesus entra em **Jerusalém** montado em um jumentinho.
Jesus anda pelas ruas da cidade.
O povo feliz segue com Ele dizendo:
Hosana a Deus!
O povo aclama Jesus dizendo:
Hosana a Deus!
O povo recebe Jesus com ramos de palmeiras.
O povo segue **Jesus** como sendo um **"rei"**.
Os inimigos de **Jesus**, vendo tanta aclamação, ficam furiosos e decidem matar Jesus.

O QUE APRENDEMOS DO EVANGELHO?

Jesus mostra ao povo que veio para servir.
Ele não foge dos inimigos.
Jesus continua fiel a Deus!
Ele aceita o louvor das pessoas, mas não aceita ser "rei".

PARA SABER:
Jesus monta em um jumentinho – era o animal das pessoas simples e pobres.

PARA PENSAR:
Jesus disse: "Eu não vim para ser servido, mas para servir. Eu vim para que todos tenham vida!"

PARA ESTUDAR:
Veja o texto do encontro – João 12,12-16

PARA LER E REZAR:
Leia: "Quem quiser me servir, siga-me", disse Jesus.
Ore: Eu peço a graça de seguir a Jesus.

ATIVIDADES

_____
_____
_____
_____
_____
_____
_____
_____
_____
_____
_____
_____
_____
_____
_____
_____

4º ENCONTRO

(A ÚLTIMA) CEIA   (DE) JESUS

OS PASSOS DE JESUS EM JERUSALÉM
JESUS CELEBRA A ÚLTIMA CEIA

João vai contar: João 13,1-10

Era a festa da Páscoa dos judeus.
Jesus estava em Jerusalém com seus discípulos.
Jesus disse a Pedro e João: **"Preparem a nossa Ceia Pascal"**.
Jesus sabia que seus inimigos queriam sua morte.
Sabia também que eles estavam à sua procura para matá-lo.
Jesus queria então realizar a Última Ceia com seus discípulos.

Durante a Ceia Jesus se levanta e começa a lavar os pés dos discípulos.
Eles assustam-se e dizem: **"Jesus é o Mestre! Ele não pode fazer isto!"**.

Todos ficam admirados com o gesto de Jesus.
Jesus, lavando os pés?
Quem lava os pés das pessoas são os escravos!
Pedro não queria que Jesus lavasse seus pés.
Pedro não entendia por que Jesus fazia isso!

VAMOS COMPREENDER O GESTO DE JESUS:

Jesus é o Mestre! Ele é importante!
Ele não deve lavar os pés de ninguém!
Não é isso que Jesus pensa e faz.
Jesus não é "rei", por isso ele quer ensinar como devem ser seus discípulos.

Ele disse:
"Vocês devem lavar os pés uns dos outros".

O QUE É LAVAR OS PÉS?

- É ajudar.
- É servir.
- É ser igual.
- Ninguém é mais importante que o outro.
- Somos todos irmãos!
- É isso que Jesus quer ensinar a nós também.

JESUS É O CORDEIRO PASCAL

PARA SABER:
Nesta refeição Jesus faz outro gesto importante.
Nessa ceia Jesus dá a sua própria vida.
E, hoje em todas as missas, Jesus dá a sua vida por nós.
Ele se faz "pão e vinho". Ele é o nosso alimento!
Ao comungar do pão e do vinho, nas missas, ficamos fortes na fé.

PARA VIVER:
Jesus continua doando a sua vida por nós.
Ele é o nosso alimento.

PARA PENSAR:
Preparar-se e ajudar uma pessoa que precisa de ajuda.

PARA ESTUDAR:
Estude o texto do Encontro: Jo, 13,1-10.

5º ENCONTRO

(A ÚLTIMA) CEIA **(DE) JESUS**

OS PASSOS DE JESUS EM JERUSALÉM
A ÚLTIMA CEIA

Lucas vai contar: 22,14-20

Durante a Ceia, Jesus tomou o pão nas mãos, fez a oração de louvor. Partiu o pão e o deu a seus discípulos, dizendo:

"Tomai, todos, e comei:
Isto é o meu corpo, que será entregue por vós".

Depois tomou o cálice com vinho e disse:

"Tomai, todos, e bebei: este é o cálice do meu sangue, o sangue da nova e eterna aliança, que será derramado por vós e por todos, para a remissão dos pecados.
Fazei isto em memória de mim".

HOJE
A missa é memória deste dia.
A missa é o momento em que se renova a Ceia de Jesus com seus apóstolos.
É o sacrifício que Jesus ofereceu por todos na cruz.

PARA SABER:
Na missa o padre faz o mesmo que Jesus fez na Última Ceia.
A hóstia consagrada é o próprio Jesus.
No cálice está o sangue de Jesus.
Tudo isto é o mistério de nossa fé.

PELA VIDA:
A Eucaristia é um sacramento em que Jesus se faz nosso alimento.
Jesus disse: "Quem come deste pão viverá eternamente".

PARA FAZER:
Estudar o texto do Encontro Lucas 22,14-20.

FIQUE SABENDO:
Aliança: Antigo Testamento e Novo Testamento (Na Sagrada Escritura)?

ALIANÇA NO ANTIGO TESTAMENTO:
Com Abraão: Aliança entre Deus e o homem.
O povo de Israel era descendente de Abraão.
Deus chamou Abraão para fazer dele "pai" de um grande número de nações. Gênesis 12,3; 15,1-8; 17,5.
Com Moisés: Aliança entre Deus e o povo.
Libertação dos escravos. Deus viu que seu povo, os israelitas, que estão no Egito, era escravo dos egípcios e estava sendo maltratado e sofrendo muito.
Deus com Moisés liberta seu povo e leva-o para uma terra rica e boa.
Os 10 Mandamentos (as 10 palavras).
Moisés estava no Monte Sinai e ali Deus lhe entregou placas de pedras com os 10 Mandamentos para que fosse ensinado ao povo.
Os Mandamentos são a vontade de Deus. Êxodo 24,12-18.
Todas essas alianças foram realizadas com o sangue de animal.

ALIANÇA NO NOVO TESTAMENTO:
Nova Aliança.
Essa Nova Aliança Deus fez com o povo de Israel e com o povo de Judá.
É entre Deus e todos os povos do mundo. Veja Jr 31,31.
É gravada no coração e SELADA com o **sangue de Jesus**.
Jesus, na Última Ceia, ao pegar o cálice com o vinho, disse que o vinho era seu sangue e que garantia a aliança feita por Deus.
Ele falava dessa Nova Aliança.
Nada mais precisamos esperar se já temos Jesus Cristo. Veja Atos 4,12.

6º ENCONTRO

SEXTA-FEIRA

SANTA

OS PASSOS DE JESUS EM JERUSALÉM
SEXTA-FEIRA SANTA, PRISÃO E MORTE DE JESUS

Depois que Jesus celebrou a Ceia, saiu com os apóstolos.
Já era noite.
Jesus chamou três amigos: Pedro, João e Tiago.
Ele foi para um lugar chamado **Jardim das Oliveiras** para rezar.
Nesse jardim, Jesus foi preso e levado ao Palácio do Sumo Sacerdote.
Pela manhã, os soldados levaram Jesus para o governador Pôncio Pilatos.
E Jesus foi condenado.
Os soldados fizeram uma coroa de espinhos.
Colocaram essa coroa na cabeça de Jesus.
A seguir levaram Jesus a um lugar chamado **Calvário**.
Ali pregaram Jesus na cruz.
Às três horas da tarde, Jesus deu um grande gemido e disse:

"Pai, em vossas mãos, entrego meu espírito".

E depois dessas palavras, morreu às 3 horas da tarde.
O soldado romano, que estava diante de Jesus, disse:

"Realmente, este homem era o Filho de Deus".

PELA VIDA:
Realmente, este homem era o Filho de Deus.
Este homem é Jesus!

PARA CONVERSAR EM GRUPO:
1. Qual o nome do jardim onde Jesus foi com seus discípulos para rezar?
2. Qual o nome do governador que condenou Jesus?
3. Qual o nome do lugar onde pregaram Jesus na cruz?
4. A que horas Jesus morreu?
5. O que disse Jesus antes de morrer?
6. O que disse o soldado romano?

FIQUE EM SILÊNCIO:
Fique com Jesus e diga a Ele a sua gratidão, pois se entregou na cruz para nos salvar.

ATIVIDADES

7º ENCONTRO

RESSURREIÇÃO   **(DE) JESUS**

OS PASSOS DE JESUS EM JERUSALÉM
RESSURREIÇÃO DE JESUS

No domingo de madrugada **Maria Madalena** foi com outras mulheres ao sepulcro de Jesus para arrumar o seu corpo.
Era um costume judeu cuidar do corpo para sepultar.
Um anjo do Senhor apareceu do céu e disse a elas:

**"Eu sei que vocês procuram Jesus.
Ele não está aqui. Ressuscitou!
Vão e digam a seus discípulos que Jesus ressuscitou dos mortos".**

Elas ficaram assustadas com a notícia, mas com muita alegria foram e disseram aos apóstolos:
"É verdade! Jesus ressuscitou!"

PARA REZAR:
Eu creio que Jesus está vivo.
Ele está no meio de nós. Obrigado(a).

ESCREVA UMA ORAÇÃO DE AGRADECIMENTO:

PELA VIDA:
Quero viver como discípulo de Jesus, sendo fiel a Ele.

8º ENCONTRO

IGREJA   MISSIONÁRIA

OS PASSOS DE JESUS RESSUSCITADO
A IGREJA MISSIONÁRIA
ASCENSÃO DE JESUS AOS CÉUS

O testemunho dos apóstolos e discípulos de Jesus

Após a sua ressurreição: **Jesus** passou **quarenta dias** ensinando seus discípulos. Durante esses dias, iluminou a inteligência de seus discípulos para que pudessem compreender sua *vida*, seu *sofrimento* e sua *morte*.

E ainda, para que pudessem também compreender sua *ressurreição*.

Jesus pediu a seus apóstolos para testemunhar que Ele está vivo.

E como conta *Lucas: que depois que ensinou seus apóstolos,* **"Jesus foi levado para o Céu!"**.

E *Marcos* também conta que **"Jesus foi levado ao Céu!"**.

Os apóstolos foram anunciar o Evangelho por toda a parte.

Em comunidade, os **apóstolos**, os **discípulos**, os **amigos** começaram a lembrar de tudo o que **Jesus** ensinou, falou e como viveu.

E eles ficaram mais unidos e com mais força pela fé em Jesus.

Jesus prometeu mandar o **Espírito Santo** a eles, para que eles continuassem a sua missão aqui na terra.

PARA SABER:
Os apóstolos ensinaram a verdade sobre a vida de Jesus.

VEJA:
Atos dos Apóstolos 1,3-5. Estude o texto do encontro.

PARA REZAR:
Agradeço a fé que recebi dos apóstolos.

ATIVIDADES

9º ENCONTRO

VINDA   (DO) ESPÍRITO

OS PASSOS DE JESUS RESSUSCITADO
A VINDA DO ESPÍRITO SANTO
O NASCIMENTO DA IGREJA

Atos 2,1-5

Os **apóstolos**, os **discípulos** e os **amigos** de **Jesus** estavam juntos orando no **Cenáculo** (sala).

Eles lembravam de tudo o que Jesus ensinou, mas estavam com muito medo após sua morte; sofriam, mas continuaram unidos e fortes.

Sentiam a força do **Espírito Santo**, que agia sobre eles.

Quando os apóstolos estavam rezando, ouviram um grande barulho igual ao de um vento forte!

O Espírito Santo ajudou os apóstolos a compreender a vida de Jesus.

Os apóstolos, os discípulos e os amigos começaram a anunciar **Jesus** a todo o mundo sem medo.

É pelo testemunho dos apóstolos que hoje conhecemos Jesus.

PARA FICAR SABENDO:
O que Jesus dizia a Nicodemos? Veja João 3,8.
Por que "vento"?
Porque o Espírito sopra as boas ideias para fazer o que é bom.

PELA VIDA:
O Espírito, assim como o vento, não sopra só na Igreja de Cristo, mas sopra também em todas as pessoas que desejarem.

PARA ENTENDER:
Para entender e aprender a caminhar com Jesus, precisa-se do Espírito Santo.

PARA FAZER:
Ler: Atos dos Apóstolos 2,1-13.
Estudar o texto do Encontro.

PEÇA E REZE:
Peça as luzes do Espírito Santo para viver a vida com Jesus.

ATIVIDADES

_____
_____
_____
_____
_____
_____
_____
_____
_____
_____
_____
_____
_____
_____
_____
_____

10º ENCONTRO

MANIFESTAÇÃO   **(DO) ESPÍRITO**

OS PASSOS DE JESUS RESSUSCITADO A MANIFESTAÇÃO DO ESPÍRITO SANTO

O **Espírito Santo** é o **dom do amor de Deus** dado aos apóstolos e aos cristãos. Ele se manifesta de vários modos: são as vocações e os serviços, conforme a necessidade da Igreja e para o bem de todos.

Jesus diz no Evangelho que o comportamento da pessoa mostra se ela é verdadeira e fiel e Jesus dá o seguinte exemplo:

A seiva que vem da raiz faz crescer e dá vida a toda a árvore, para que floresça e dê frutos.
A graça de **Deus** é como a **seiva** da árvore.
A graça de **Deus** dada pelo **Espírito Santo** dá **vida ao cristão**.
A **seiva é a graça de Deus que** recebemos **no dia de nosso batismo**.

OS FRUTOS DO ESPÍRITO SANTO

No **batismo** a pessoa recebe a graça de ser filho de Deus, membro da Igreja.
Na **crisma** a pessoa recebe os dons do Espírito Santo para viver a fé.

São os seguintes:

- Ciência • Conselho • Entendimento • Sabedoria
- Piedade • Fortaleza • Temor de Deus

OS DONS PRECISAM DAR "FRUTOS"

Jesus falou aos seus discípulos:

"Não foram vocês que me escolheram; pelo contrário, fui eu que os escolhi
para que vão e deem fruto e que esse fruto não se perca,
a fim de que o Pai lhe dê tudo o que pedirem em meu nome"
(Jo 15,16).

"**Dar frutos**" é se esforçar para viver a fé com a **graça de Deus**.
"**Frutos**" é a graça **de Deus** trabalhando em mim com o meu esforço.

FRUTOS DO ESPÍRITO SANTO

Para compreender o que são os "**frutos**", a tradição da Igreja ensina assim:

AMOR:
É fruto de se doar com todo amor às pessoas.
É imitar o amor de nosso Pai.

ALEGRIA:
A alegria é o fruto que depende do amor.
Deus nos quer felizes.
Ser feliz é viver com alegria a fé.

PAZ:
Os frutos do amor e da alegria nos dão a paz que Jesus prometeu.
A pessoa que tem fé vive em paz.

PACIÊNCIA:
É o fruto que nos ajuda a esperar.
Esse fruto nos dá tranquilidade diante
das dificuldades da vida.

LONGANIMIDADE:
É o fruto que nos faz generoso(a).
É o fruto que nos dá a união da paciência com a paz.

BONDADE:
É o fruto que nos ajuda a querer o bem para o outro.
A bondade deve nos levar a fazer coisas boas aos outros.

BENIGNIDADE:
É o Amor que mostra compaixão.
É procurar nunca magoar ninguém.

MANSIDÃO:
É o fruto que nos ajuda no relacionamento com as pessoas.

FIDELIDADE:
É o fruto que nos ajuda a sermos fiéis e verdadeiros em qualquer momento da vida.

MODÉSTIA:
É o fruto que nos ajuda a ter moderação nas ações e no comportamento, e não chamar a atenção para si mesmo.

CASTIDADE:
É o fruto que nos ajuda a ser fiel às nossas promessas.
Exemplos fiel no matrimônio, fiel a Deus.
É o amor agindo na vida.

OS FRUTOS RUINS QUE DEVEMOS EVITAR

- Superstição
- Inimizades
- Brigas
- Ciúmes
- Ódio
- Ambição
- Discórdia
- Invejas
- Bebedeiras
- E outras coisas semelhantes
- Ver Gl 5,19.

OS "MAUS FRUTOS CRESCEM" QUANDO COLOCAMOS OBSTÁCULOS EM NOSSAS VIDAS

- Crescem quando temos medo.
- Crescem quando guardamos ressentimentos.
- Crescem quando sentimos rejeição.
- Crescem quando falta perdão.
- Crescem quando ficamos magoados.
- Crescem quando ficamos com raiva.
- Crescem quando temos ódio.
- Combater todos é difícil, mas é preciso combater.
- Não fique parado(a).

"**Fruto ruim**" só prejudica nossa vida.

Como devemos combatê-los?
Leia, estude e pense sobre os frutos bons.
Lá você encontrará exemplos de frutos bons.

E depois, quando recebermos os **Sacramentos**, ficaremos fortes na fé e os "**bons frutos**" crescerão.

A ÁRVORE BOA DÁ BONS FRUTOS

Escolha frutos para a árvore boa.

Veja Gálatas 5,13-26.

A seguir coloque dentro de cada figura o nome do fruto que escolheu. O "fruto bom" que você escolheu vai nascer nessa árvore boa.

PELA VIDA:
Quero ficar com Jesus para dar "bons frutos" em minha vida.

PARA LER E ESTUDAR:
Leia Lucas 6,43-44.
Estude o texto do Encontro.

PARA REZAR:
Pedir a graça ao Espírito Santo para dar bons frutos de bondade, de compreensão e de ajuda aos outros.

ORAÇÃO AO ESPÍRITO SANTO

Ó Espírito Santo,
amor do Pai e do Filho,
inspirai-me sempre,
o que devo pensar,
o que devo dizer,
como devo dizer,
o que devo escrever.
O que devo fazer para o bem das pessoas e minha salvação.

ATIVIDADES

11º ENCONTRO

COMUNIDADE (DE) FÉ

JESUS CAMINHA COM A IGREJA
A ASCENSÃO DE JESUS AOS CÉUS FAZ DOS APÓSTOLOS MISSIONÁRIOS
A COMUNIDADE DE FÉ – A IGREJA

Atos dos Apóstolos 2,1-5
O livro dos Atos dos Apóstolos conta como nasceu a Igreja

Os discípulos, os apóstolos e muitas pessoas creram em Jesus ressuscitado.
Eles começaram a se reunir para rezar, junto com Maria, a mãe de Jesus.
Lembravam-se das palavras e dos ensinamentos de Jesus.
Sentiam que Jesus estava vivo no meio deles.
Por causa de Jesus, eles começaram a cuidar dos órfãos, das viúvas, dos doentes e dos pobres.

HOJE:
Creio que a Igreja é cada um de nós!
Creio que a Igreja é a comunidade das pessoas que acreditam em Jesus.
A Igreja, ao longo dos séculos, foi se organizando.
Para cumprir sua missão, a Igreja tem o Papa, os Bispos, os Padres, os leigos.
A missão da Igreja depende da colaboração de todos os fiéis.
As pastorais, os movimentos e os serviços da comunidade também dependem de cada cristão batizado.

CONHEÇA ALGUNS SERVIÇOS DA COMUNIDADE

- Liturgia e canto
- Pastoral da Juventude
- Pastoral do Batismo
- Pastoral dos Surdos
- Pastoral das Crianças
- Catequese e muitos outros serviços.

Pedro é o sucessor de Jesus.
Papa é o sucessor de Pedro.
Ele deve cuidar de toda a Igreja.
Ele deve ajudar os cristãos a viver os ensinamentos de Jesus.
Os Bispos são os sucessores dos apóstolos e são responsáveis por várias paróquias que formam a **diocese**.

LEIA:
Atos dos Apóstolos 1,12-14 e 4,32-37

Pesquisar e vamos conversar:

O nome do nosso Bispo:

_____

O nome do padre da minha igreja:

_____

O nome da igreja onde fui batizado:

_____

REZE:
Faça uma oração pessoal pela nossa Igreja.

PELA VIDA:
Eu faço parte da Igreja.
Eu também sou Igreja de Jesus.

12º ENCONTRO

IGREJA

MISSIONÁRIA

A IGREJA COM JESUS RESSUSCITADO
A IGREJA MISSIONÁRIA

Homens e mulheres se tornaram apóstolos e missionários para levar a todos os lugares do mundo a mensagem de Jesus.

O apóstolo Paulo nos diz que cada um de nós deve ajudar esta família que é a nossa Igreja.

E diz ainda como nós podemos crescer na Igreja: vivendo o amor do mesmo modo que Jesus viveu e ensinou.

Vivendo dentro da comunidade e da Igreja nas orações, nas missas, na catequese, nas festas...

VAMOS CONVERSAR:

Como crescer fora da Igreja:
Na sua casa e onde você estiver, pratique o amor, a justiça e a verdade.

Como crescer junto à Igreja e à comunidade:
Ajude a comunidade a se relacionar com outras comunidades.

Por exemplo, leve a comunidade de surdos de sua igreja para conhecer a comunidade de surdos de outras igrejas, para que juntas cresçam mais em seus objetivos.

12º ENCONTRO

A MISSÃO DA IGREJA É A MISSÃO DE TODO CRISTÃO

Anunciar o Reino de Deus. Viver no reinado de Jesus.
A Palavra de Deus é como uma pequena semente que deve produzir um grande fruto: o reino de justiça e amor, ainda neste mundo.

Ler a carta de São Paulo aos Efésios 4,1-6.

PARA REZAR:
Rezar a oração dos Missionários

Senhor ensina-me a amar as pessoas.
Não quero amar só a minha família, meus amigos.
Ensina-me a pensar-nos outros.
Eu quero, Senhor, ajudar os outros a viver bem.
Quero repartir com amor os dons que tenho.
Rezo para que todos sejam felizes, porque todos somos filhos de Deus. Amém.

Estudar o texto do encontro.

PARA VIVER:
**A comunidade precisa de tudo o que tenho de bom.
Não posso esconder o que tenho de bom.**

ATIVIDADES

_____
_____
_____
_____
_____
_____
_____
_____
_____
_____
_____
_____
_____
_____

13º ENCONTRO

(OS) SETE   SACRAMENTOS

A IGREJA COM JESUS RESSUSCITADO
OS SACRAMENTOS
SINAIS DA PRESENÇA DE JESUS EM MINHA VIDA

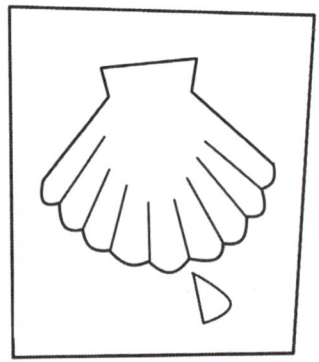

Batismo

Crisma

Eucaristia

Confissão

Matrimônio

Ordem

Unção dos Enfermos

Os *Sacramentos* são os sinais de amor que mostram a presença de Jesus vivo no meio de nós.
Ele é o caminho para seguir Jesus durante nossa vida.
Jesus nos deixou muitos sinais que mostram o seu grande amor por nós.
Jesus nos acompanhou desde o nosso nascimento até a morte.
Quando nascemos, nossos pais nos levaram para receber o **batismo**.

VAMOS CONHECER OS SINAIS

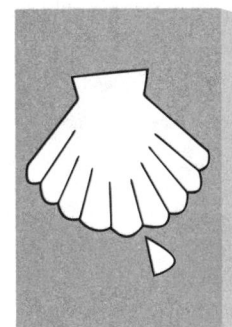

BATISMO
O batismo nos faz filhos de Deus.
Recebemos no batismo uma vida nova e começamos a fazer parte da Igreja.
Quem recebe o batismo, *precisa* crescer na fé.

CONFISSÃO
Na **confissão** temos outro *sinal* da bondade de Jesus.
Quando erramos, não estamos fazendo o bem.
Jesus nos deixou o sacramento do **perdão – a confissão.**

EUCARISTIA
E para ficarmos forte na fé Jesus nos deu a **Eucaristia**.
Para ficarmos fortes, precisamos de alimentos.
Jesus se fez nosso alimento.

CRISMA
Quando renovamos a Jesus nosso compromisso e queremos segui-lo, é no sacramento da **crisma** que damos nosso sim.

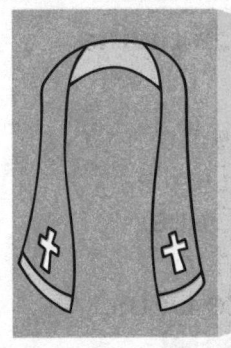

ORDEM
Os jovens que querem entregar sua vida a Jesus e à Igreja como padres recebem o sacramento da **ordem**.

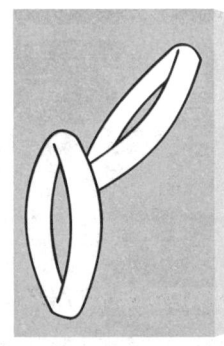

MATRIMÔNIO

Quando o cristão quer formar uma família,
o sacramento do **matrimonio**
ajuda o casal a viver o amor.

UNÇÃO DOS ENFERMOS

Quando a pessoa fica muito doente, Jesus dá outro
sinal do seu amor.
O doente recebe o sacramento da *unção dos enfermos*.

PARA REZAR:
Agradeço a Jesus os sinais do seu amor.

PARA VIVER:
Jesus me acompanha toda a vida.
Obrigado(a), Jesus!

PARA FAZER:
Estudar o texto do Encontro.

Agora vamos comparar os
SETE SINAIS DA VIDA HUMANA com os SETE SINAIS DA VIDA DIVINA

Os sete sinais da vida humana	Os sete sinais da vida divina
1. Nascer Recebe a vida dos pais. Torna-se filho. Ganha irmãos. Faz parte de uma família. Tem nome de família. É herdeiro.	**1. Nascer – Batismo** Recebe a vida de Deus. Torna-se filho de Deus. Ganha irmãos na fé. Tem nome de filho de Deus. Herdeiro de Deus Pai.

2. Curar-se
Nosso corpo fica doente.
Há depressão. Doenças.
Precisamos de ajuda.
Necessitamos de saúde para bem viver.

2. Curar-se – Penitência
Nossa vida adoece com o pecado.
Precisamos do perdão de
Deus para viver feliz.

3. Alimentar-se
Sem alimentação acontece a desnutrição.
Quem se alimenta mal, pode ficar
doente e morrer.

3. Alimentar-se – Eucaristia
A Eucaristia alimenta a vida
recebida no batismo.
Recebendo sempre a
Eucaristia, a fé fica forte.

4. Crescer
A pessoa cresce fisicamente
até chegar à idade adulta.
Torna-se responsável

4. Crescer – Crisma
O batizado deve crescer na fé.
Alimentado pelo pão da Palavra de
Deus, torna-se cristão responsável.

5. Servir
O ser humano precisa dos outros para
viver. A vida humana é organizada
em muitos serviços: do padeiro, do
mecânico, do médico, do professor.

5. Servir – Ordem
O padre vai ser o servo dos sinais
da vida – os sacramentos.

6. Amar
O ser humano precisa
amar e ser amado.
Para amar e viver junto
existe o casamento.

6. Amar – Matrimônio
A pessoa precisa amar e ser amada.
Jesus nos deixou o sacramento do
matrimônio para viver o amor entre o
esposo e a esposa de acordo com a fé.

7. Curar-se fisicamente
Nosso corpo fica doente. Deus colocou
médicos a serviço de nossa saúde.
Precisamos cuidar de nossa saúde.

7. Curar-se – Unção dos Enfermos
Nosso corpo fica doente. Deus colocou
um sacramento especial para os doentes.

ATIVIDADES

_____
_____
_____
_____
_____
_____
_____

14º ENCONTRO

BATISMO

VIVER COM JESUS RESSUSCITADO
O SACRAMENTO DO BATISMO

O Batismo é o primeiro sacramento de toda a vida cristã.

Pelo Batismo:
- Somos filhos de Deus.
- Somos libertados do pecado.
- Somos ligados à Igreja.

Ao receber o Sacramento do Batismo somos filhos amados de Deus.
Pelo Batismo fazemos parte da comunidade dos seguidores de Jesus.
Nossa vida vai estar unida à vida de Deus, que é Pai, Filho e Espírito Santo.
O Batismo é o sacramento da união de todos no Cristo.

FIQUE SABENDO:

O apóstolo Paulo, na carta aos Gálatas (3,27), diz:
"Porque vocês foram batizados para ficarem unidos com Cristo e assim se revestiram com as qualidades do próprio Cristo".

No **rito do Batismo** o padre derrama água na cabeça da pessoa que vai ser batizada, dizendo:
"Eu te batizo em nome do Pai e do Filho e do Espírito Santo".

PELA VIDA:
O Batismo nos dá pela primeira vez o dom da amizade
e a presença de Deus no nosso coração.
Junto com esse dom recebemos a fé, a esperança e a caridade.

TAREFA:
Pesquise para saber o dia do seu batismo.
Pesquise para saber em que igreja recebeu o batismo.

ORAÇÃO PESSOAL:
Prometi no meu batismo ser fiel.
Peço a graça a Jesus de ser sempre fiel.

ATIVIDADES

15º ENCONTRO

BATISMO

O SACRAMENTO DO BATISMO

Como é o sacramento?
Para realizar o sacramento do **Batismo há um rito**.
O **rito** nos ajuda a compreender esse mistério.
Veja a seguir como se realiza esse sacramento.

PASSOS

Unção
Com o **óleo** o Espírito de Cristo penetra na vida do cristão para fortalecê-lo na luta contra as forças do mal.
Como o óleo penetra na pele do cristão, assim Cristo penetra na vida da pessoa e em seu coração.

Rito Essencial
A água é derramada sobre a cabeça.
Ao derramar o padre diz:
"(Nome), eu te batizo em nome do Pai, do Filho e do Espírito Santo".

15º ENCONTRO

Sinais Rituais – a unção com o óleo, a vela acesa e a veste branca.

Óleo de crisma
É um óleo perfumado, consagrado pelo Bispo e significa o **dom do Espírito Santo** ao novo batizado.

A criança ou pessoa é agora cristã, "ungida" do Espírito Santo, unida a Cristo.

Vela acesa
O círio pascal significa que **Cristo ilumina o batizado**; ele também deve ser **"luz do mundo"**.

Veste branca
É sinal de que o batizado "vestiu-se de Cristo" e é o símbolo de que o cristão tem uma nova roupa – a graça.

FIQUE SABENDO:
Eu fui batizado(a), sou filho(a) amado(a) de Deus!
Deus me ama como seu(sua) filho(a).
Deus me ama como seu(sua) filho(a).

FAÇA O SEGUINTE:
Estude o texto do encontro.
Pesquise o nome de seus padrinhos.

ATIVIDADES

_____
_____
_____
_____
_____
_____
_____
_____
_____
_____
_____
_____

16º ENCONTRO

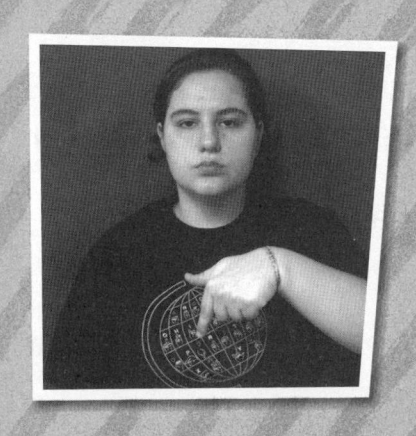

(O) SACRAMENTO (DA) CONFISSÃO

VIVER COM JESUS RESSUSCITADO O SACRAMENTO DA CONFISSÃO

Confissão. No sacramento da Confissão nós nos abrimos de novo para Deus.
É o reconhecimento de que somos pecadores.

A confissão dos pecados liberta-nos deles e também nos ajuda a voltar de novo à amizade com Deus e com os outros.

Ficamos sempre em união com todos os nossos irmãos.

Jesus mostra que nos ama, vem em nosso auxílio.

Durante sua vida, Jesus perdoou aos pecadores.

No dia da sua Ressurreição, Jesus deu aos Apóstolos o poder de perdoar os pecados em seu Nome.

PARA CELEBRAR O SACRAMENTO DA CONFISSÃO

1. FAZER UM EXAME DE CONSCIÊNCIA

Colocar-se diante do Amor de Deus e perguntar:
Como estou vivendo o amor a Deus e aos outros?
Como é o meu comportamento com as pessoas?
O que me afastou do amor de Deus e dos irmãos?

2. ARREPENDIMENTO

Reconhecer diante de Deus e dos irmãos os pecados e pedir perdão.

3. PROPÓSITO

Ter a disposição sincera de se esforçar para mudar de vida.

4. ABSOLVIÇÃO/CONFISSÃO

Confiar na bondade de Deus e confessar os pecados ao padre é a confissão sincera. Depois de contar os pecados, o padre, ao absolver, dirá:
"Eu te absolvo dos teus pecados em nome do Pai, do Filho e do Espírito Santo. Amém".

5. PENITÊNCIA

Depois da absolvição (perdão), agradeça a Jesus o perdão que recebeu e reze a oração que o padre lhe pediu.

REZE:
O Ato de Contrição:
"Meu bom Jesus, perdoe todos os meus pecados.
Eu não quero mais pecar.
Perdão, Jesus".

PELA VIDA:
Eu confio no perdão de Jesus.
Só ele pode me perdoar.
Senhor Jesus, tem piedade de mim.
Devo receber o Sacramento da Penitência
sempre que fizer algum pecado.

LEMBRE-SE:
Receber o Sacramento da Penitência sempre que pecar.

ORE:
Eu fui perdoado por Jesus, eu também devo perdoar.

TAREFA:
Nesta semana rezar todos os dias a Oração do Pai-nosso.

17º ENCONTRO

(O) SACRAMENTO   (DA) EUCARISTIA

VIVER COM JESUS RESSUSCITADO
O SACRAMENTO DA EUCARISTIA
1Cor 11,23-26

Na última ceia Jesus entrega seu corpo e sangue para ser nosso alimento.
Em toda missa fazemos *"memória"* do mistério de nossa fé.
A Eucaristia é também *Ação de Graças*, porque Jesus continua "vivo" entre nós.
A Eucaristia é o alimento da nossa vida na fé.
Para seguir Jesus precisamos deste alimento.
Com este alimento sagrado vivemos com mais segurança e confiança.
Por que falamos *"Última Ceia"* **?**
Porque na véspera da sua morte, Quinta-feira Santa, Jesus reuniu os apóstolos para uma refeição especial.
Nesse dia Jesus fez algo diferente.
Os Evangelhos nos contam como foi essa Ceia de Jesus com os apóstolos.

VEJA:
Marcos 14,22-26. Lucas 22,14-20.
Mateus 26,26-28. João 15,1-15.
O que Jesus fez de especial?

VEJA TAMBÉM:
O que apóstolo Paulo ensina sobre a Eucaristia?
1Cor 11,23-26

17º ENCONTRO

A EUCARISTIA TEM NOMES ESPECIAIS

Ceia do Senhor
Fração do Pão – nome dado pelos primeiros cristãos.
Santo Sacrifício – porque lembra que o sacrifício de Jesus Salvador é também o *"sacrifício de louvor"* (Hebreus 13,15).

Para realizar a Eucaristia a Igreja usa o pão e o vinho como fez Jesus.
O padre reza ao Espírito Santo para que o pão e o vinho se tornem o Corpo e o Sangue de Jesus.
Desde o começo, a Igreja foi fiel à ordem de Jesus.

PARA CONHECER:
Na Eucaristia recebemos o corpo e sangue de Jesus.
Ele é o alimento que nos dá vida.
A Eucaristia acontece na comunidade.

LEIA E ESTUDE OS TEXTOS:
"Tomai, todos, e comei Isto é o meu corpo,
que será entregue por vós".

A SEGUIR TOMOU O CÁLICE COM VINHO E DISSE:
"Tomai, todos, e bebei: este é o cálice do meu sangue,
o sangue da nova e eterna aliança, que será derramado
por vós e por todos, para a remissão dos pecados.
Fazei isto em memória de mim".
Mc 14,22-25

FAÇA UM MOMENTO DE SILÊNCIO:
Agora faça uma oração de agradecimento a Jesus.

ATIVIDADES

_____
_____
_____
_____
_____

18º ENCONTRO

LITURGIA

VIVER COM JESUS RESSUSCITADO A LITURGIA DA MISSA

Na Liturgia, Jesus é o sacerdote.
O padre preside a liturgia (o padre é o presidente da celebração com a comunidade).
Jesus continua em sua Igreja realizando a nossa salvação.
Na missa fazemos memória do mistério de nossa fé em comunidade.
Com a comunidade louvamos, agradecemos e adoramos a Deus.
Na missa acolhemos a Palavra do Senhor.
Na missa acolhemos os ensinamentos de Jesus.

FIQUE SABENDO:

A palavra **"liturgia"** é uma palavra da **língua grega**.
Significa **"Ação do povo"**, **"Serviço para o povo"**.

AS PARTES DA MISSA

A missa está dividida em quatro partes

1. RITOS INICIAIS

Comentário inicial à missa do dia.
Acolhida.
Ato Penitencial.
Hino de Louvor e Oração.

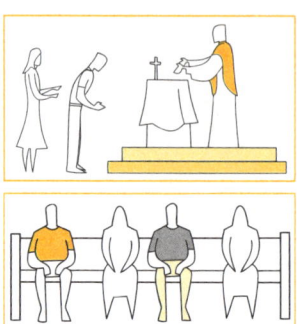

2. RITO DA PALAVRA

Primeira Leitura.
Salmo de Resposta.
Segunda Leitura.
Aclamação ao Evangelho.
Proclamação do Evangelho.
Homilia.
Profissão de Fé (Credo).
Oração da Comunidade.

3. RITO SACRAMENTAL

Oferendas.
Canto e Procissão das Oferendas.

Oração Eucarística
Prefácio.
Santo.
Consagração.
Louvor Final.

Comunhão
Pai-nosso. Abraço da Paz.
Cordeiro de Deus.
Distribuição da Comunhão.
Oração após a Comunhão.

4. RITOS FINAIS
Mensagem.
Comunicados da Comunidade.
Canto de Ação de Graças e
Bênção Final.

POSIÇÕES DO CORPO PARA REZAR

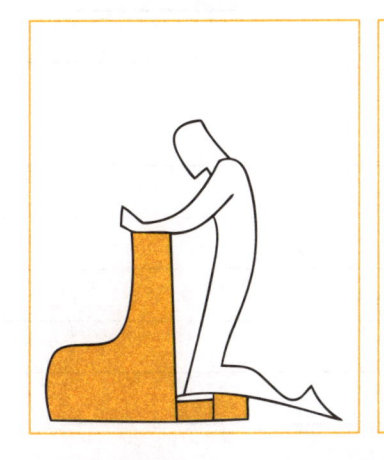

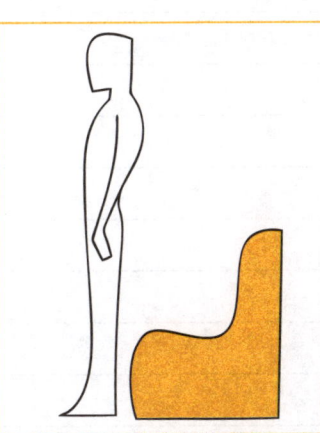

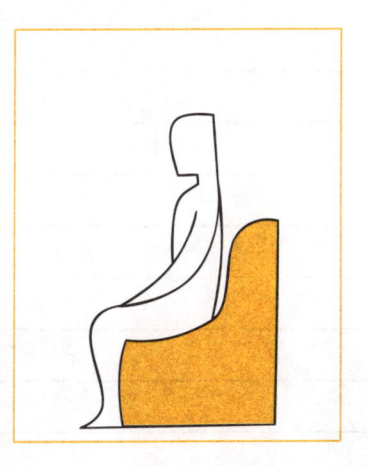

Na celebração litúrgica usamos gestos e atitudes para expressar a fé, adoração, disponibilidade e respeito.
São gestos e atitudes especiais.
Veja a seguir o significado deles:

Sentados – posição para acolher a Palavra.
De pé – sinal de respeito e disposição para obedecer.
Ajoelhados ou **inclinados** – sinal de nossa adoração.
Mãos juntas – mostramos confiança e fé em Deus.

PELA VIDA:
Na Missa fazemos memória do mistério de nossa fé.

DURANTE A MISSA:
Preste atenção às partes da missa.
Preste atenção aos gestos e atitudes da comunidade.

PARA REZAR:
Obrigado(a), Jesus, por "estar vivo" no meio de nós.

ATIVIDADES

19º ENCONTRO

LITURGIA

COM JESUS RESSUSCITADO NA IGREJA VESTES LITÚRGICAS

A comunidade celebra o mistério da fé **Paixão**, **Morte** e **Ressurreição de Jesus**.
Para celebrar a missa o padre usa roupas especiais.
A roupa especial é usada para um momento sagrado.
A roupa é usada na reunião dos filhos de Deus.
Nessa reunião, Jesus ressuscitado está presente.
Essa roupa especial tem o nome de *paramentos.*

LITURGIA DA MISSA
Para celebração o padre usa vestes, objetos e lugares especiais – Igreja, capela.
É um momento especial para o encontro da comunidade.

NA SANTA MISSA
É o momento do nosso encontro com Jesus:
– com a sua palavra;
– na comunhão com o seu corpo e sangue; e
– no encontro com todos os irmãos.

19º ENCONTRO

ALTAR = MESA
Só é usado para a celebração da missa.

SACRÁRIO
É onde se guardam as hóstias.
A luz perto do sacrário avisa:
"Jesus está aqui".

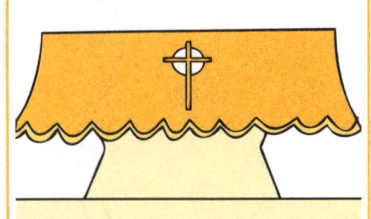

TOALHAS
Toalhas brancas. Usadas para a celebração.

FLORES
Sinal de alegria. Quando amamos uma pessoa gostamos de oferecer flores a ela.

VELA
"Eu sou a luz do mundo", disse Jesus.
A vela lembra que Jesus está presente.
É também sinal da fé.

CRUCIFIXO
Jesus crucificado. A imagem lembra o sacrifício de Jesus morrendo na cruz, que vai ser renovado na Santa Missa.

ÂMBULA
Tem o formato de uma taça.
É onde se colocam as hóstias para serem consagradas.

ÁGUA
Água é vida.
É o símbolo da vida.
O padre coloca
gotas de água
no cálice junto
com o vinho.
Sinal da nossa
união com Jesus.

GALHETAS
Galhetas ou jarrinhas.
Para colocar o vinho
e a água para
a celebração
da missa.

VINHO
Vinho especial.
É o vinho especial
somente para ser
consagrado na missa.

MISSAL
É o nome do livro
com orações
das celebrações.

CÁLICE
Onde se coloca
o vinho para
ser consagrado –
transformado
no sangue de Jesus.

HÓSTIAS, PÃO, PARTÍCULAS
São feitas só com
farinha e água
– sem fermento –
pão ázimo.
Chamamos de hóstia
consagrada.

OSTENSÓRIO
É a peça usada em atos de
culto da Igreja Católica
para expor a hóstia
consagrada sobre
o altar **ou em procissão.**

VESTES LITÚRGICAS

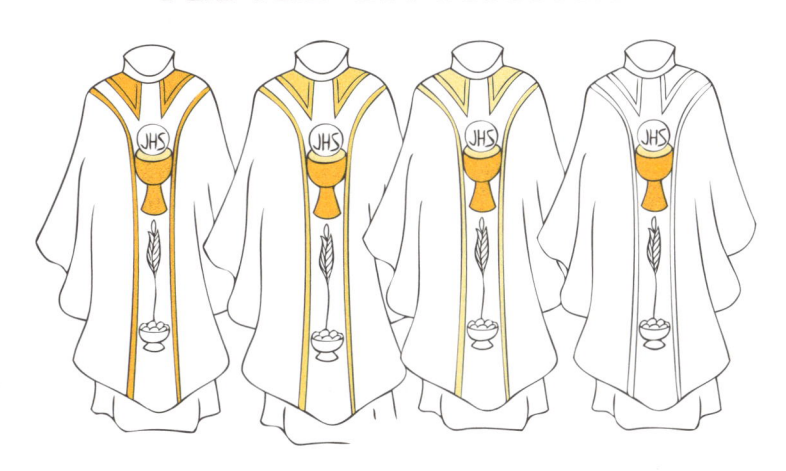

Vestes/Paramentos
O padre usa vestes (paramentos) para as celebrações de acordo com a festa que se está celebrando.

Túnica – para celebrar a missa.
Estola – é sinal da ordenação sacerdotal.

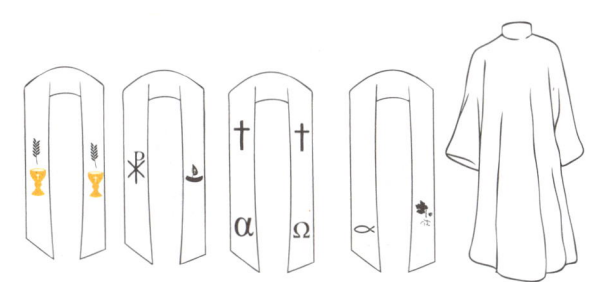

Uso das cores
A cor da veste a ser usada faz lembrar o tempo da liturgia ou a festa que se está celebrando.

Branca – na festa de Nossa Senhora e dos Santos, Natal e Páscoa.
Vermelha – nas festas dos mártires e no tempo e Pentecostes.
Roxa – no tempo de advento e no tempo da Quaresma.
Verde – no tempo comum.

PELA VIDA:
Vou à Missa para louvar e agradecer a Deus suas graças.
Não vou à missa só para pedir!

PARA FAZER:
Estude o texto do Encontro.

PARA CONVERSAR:
Lembrar o nome dos objetos que se usam na Missa.

20º ENCONTRO

CRISMA

VIVER COM JESUS RESSUSCITADO O SACRAMENTO DA CRISMA

1Cor 12,4-11

SACRAMENTO DA CRISMA

Depois do batismo, o sacramento da Crisma nos ajuda a crescer na fé. Recebemos a força do Espírito Santo.
O sacramento ajuda a viver a nossa fé e vencer as tentações.
Pelo batismo nós ganhamos uma vida nova.
Pelo sacramento da crisma o batizado recebe os sete dons:
1 – *Temor de Deus*: para evitar o pecado.
2 – *Piedade*: para amar a Deus.
3 – *Fortaleza*: para vencer as tentações.
4 – *Conselho*: ilumina e aconselha.
5 – *Ciência*: para aprender e gostar das coisas da religião.
6 – *Inteligência*: para entender o que agrada a Deus.
7 – *Sabedoria*: para entender e gostar das coisas de Deus.

Como é o sacramento?
Para o **Sacramento da Crisma** o Bispo usa o óleo abençoado na Quinta-feira Santa.
O Bispo coloca as mãos sobre a cabeça do crismando fazendo o Sinal da Cruz com o Santo Óleo na fronte do crismando.

NESSE MOMENTO DIZ:
"Receba por este sinal o dom do Espírito Santo".
Após realizar esse gesto, o Bispo dá um toque na pessoa com carinho.
Agora o crismando está pronto para lutar pela fé.

FIQUE SABENDO:
O Bispo é quem celebra, porque é o responsável da Igreja.
O padre também pode celebrar em nome do Bispo.

PELA VIDA:
As graças que recebemos no Sacramento da Crisma.
1. Confirmação da graça recebida no batismo.
2. Recebemos o Espírito Santo com seus sete dons.
3. Imprime uma marca de seguidores de Jesus.

PARA FAZER:
Estude o texto do encontro
Leia 1Cor 12,4-11.

PARA REZAR:
Antes de rezar, faça um momento de silêncio.
Reze pedindo ao Espírito Santo a sua luz para viver bem a vida cristã.

ATIVIDADES

_____
_____
_____
_____
_____
_____
_____
_____
_____
_____

21º ENCONTRO

(O SACRAMENTO DA) ORDEM

VIVER COM JESUS RESSUSCITADO O SACRAMENTO DA ORDEM

A Ordem é o sacramento que continua a missão que Jesus deu aos seus Apóstolos para ajudar a Igreja.

A Ordem é o sacramento em que o Bispo consagra o jovem para a missão de servir a comunidade cristã.

O Sacramento tem três graus:
– O Diaconato.
– O Presbiterado (padre).
– O Episcopado (bispo).

Todo cristão recebe a vocação de Deus.
Ele nos chama para servi-lo como leigos, como religiosos ou como padre.
No Evangelho, podemos ver os muitos chamados de Jesus: "Partindo dali, Jesus viu um homem chamado Mateus, que estava sentado no posto de pagamento das taxas. Disse-lhe: Segue-me. O homem levantou-se e o seguiu" (Mt 9,9).

- A **Ordem** é o Sacramento pelo qual o jovem pode servir a Jesus na Igreja de modo especial.

Pelo sacramento o jovem coloca a sua vida:
- A serviço da comunidade cristã.
- Pela pregação da Palavra.
- Em nome de Jesus perdoar os pecados.
- Celebrar a Eucaristia.

PARA SABER:
O **Padre** tem como missão:

a) Pregar a Palavra de Deus.
b) Realizar os sacramentos.
c) Celebrar a Missa.
d) Guiar e orientar a comunidade para seguir Jesus.
e) Educar as pessoas na fé.
f) O padre deve ajudar e servir a comunidade cristã.

Quem pode ser ordenado:
Na Igreja Católica só os homens podem ser ordenados padres.

Quem pode ordenar:
O *Sacramento da* Ordem é realizado por um **Bispo**.
Só os Bispos podem transmitir o sacramento da Ordem aos jovens.

PARA FAZER:
Tratar com carinho e respeito todos os padres.

PARA SABER:
Pedro foi o primeiro Papa da Igreja. Leia: Mt 16,13-20.

PARA REZAR:
Jesus disse: Mt 9,37s.
"A messe é grande, mas os trabalhadores são poucos".
Manda, Senhor, bons padres para ajudar a comunidade.

ATIVIDADES

_____
_____
_____
_____
_____

22º ENCONTRO

(O SACRAMENTO DO) MATRIMÔNIO

VIVER COM JESUS RESSUSCITADO
O SACRAMENTO DO MATRIMÔNIO

O **Sacramento do Matrimônio** une os jovens cristãos para viver como casados. Mas para iniciar uma vida de casados como cristãos, os jovens devem se preparar.

A Igreja oferece o curso de noivos para ajudar o começo da família.

As famílias cristãs, com a graça do Sacramento, poderão vencer todas as dificuldades da vida.

QUEM CELEBRA O SACRAMENTO:

Quem celebra o Sacramento do Matrimônio são os próprios noivos.

O Padre é a testemunha, que assiste a este **juramento solene que os noivos** fazem diante de Deus.

Diante do Padre eles prometem fidelidade para toda a vida.

O Sacramento se realiza quando os noivos dizem "sim" um para o outro.

Recebendo o sacramento do matrimônio os dois fundam uma nova família com a bênção de Deus e da Igreja.

E, quando tiverem filhos, tenham também a responsabilidade de educá-los na fé. A Igreja Católica não aceita o divórcio.

PARA SABER:

Deus nos fez para a felicidade, não nascemos para vivermos sozinhos. Deus, quando criou o homem, deu a ele uma companheira: Eva.
A Bíblia ensina:
"Por isso o homem deixa o seu pai e sua mãe para se unir à sua mulher; e já não é mais que uma só carne".
Gn 2,24.

PARA FAZER:

Estudar o texto do Encontro.

PARA REZAR:

Quero Jesus em minha família.
Ajuda-me a encontrar a pessoa para juntos sermos felizes.
E construir uma família como a família de Nazaré.
Amém.

ATIVIDADES

___
___
___
___
___
___
___
___
___
___
___
___
___
___
___
___
___
___

23º ENCONTRO

(UNÇÃO DOS) ENFERMOS

VIVER COM JESUS RESSUSCITADO
O SACRAMENTO DA UNÇÃO DOS ENFERMOS

Tiago 5,14-15

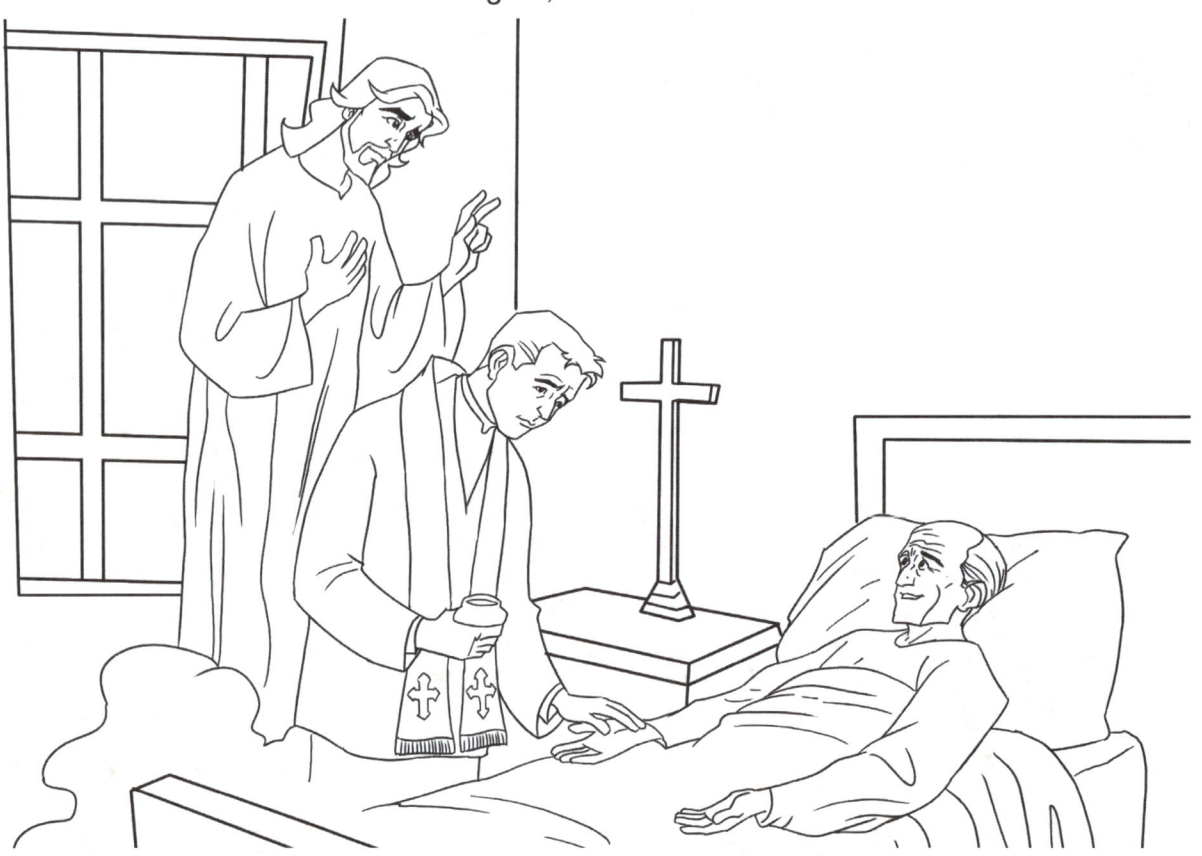

Com **o Sacramento da Unção dos Enfermos**, a Igreja quer ajudar a seus filhos que estão doentes.

Nestes momentos difíceis e importantes da vida, Deus não nos deixa sozinhos. Vem a nosso socorro com sua graça.

O **Sacramento da Unção dos Enfermos** dá ao cristão a Graça para vencer *as dificuldades próprias de uma doença grave ou da velhice*.

Pela **Unção dos Enfermos** e pela oração do padre, a Igreja entrega os doentes aos cuidados de Jesus para que alivie suas dores.

Para receber o sacramento o doente precisa querer.

Não se pode obrigar o doente a receber o sacramento.

Jesus sempre teve carinho pelos doentes.

No tempo de Jesus, as pessoas desprezavam os doentes.

Elas pensavam que a doença era um "castigo" de Deus.

Jesus acolhia com amor os doentes e os curava.

PARA CONVERSAR E REFLETIR:
Leia João 9,1-3.

PARA A VIDA:

Jesus quis que os seus seguidores continuassem
sua missão, por isso deu aos discípulos o dom da cura.

É Jesus quem nos deixou o sacramento da unção dos enfermos.
O apóstolo Tiago ensinou a Igreja a fazer oração pelas pessoas doentes.
Veja Tiago 5,14-15.

"A oração da fé salvará o enfermo, e o Senhor o aliviará."
"E se tiver algum pecado, este lhe será perdoado."

MODO DE REALIZAR ESTE SACRAMENTO:

O padre coloca o óleo na fronte e nas mãos
do enfermo rezando pela pessoa doente.
E todos respondem: "Amém".

PARA VIVER:

Agradecer a Deus o sacramento da unção dos enfermos.
Sempre que alguém estiver doente, não se esqueça
de pedir o sacramento para essa pessoa.

PARA FAZER:

Estudar o texto sobre o sacramento.
Faça um momento de silêncio e reze uma oração para uma pessoa doente.

ATIVIDADES

24º ENCONTRO

MANDAMENTOS (COMO) REGRAS

VIVER COM JESUS RESSUSCITADO
CAMINHOS PARA A SANTIDADE
OS MANDAMENTOS

Êxodo 20,2-17

OS DEZ MANDAMENTOS E SUA HISTÓRIA

Dez Mandamentos.

Esse é o nome das leis escritas por **Deus** em tábuas de pedra e entregue a **Moisés** – as **Tábuas da Lei**.

A Bíblia conta que Moisés libertou os hebreus que viviam como escravos no Egito.

Atravessou com eles o Mar Vermelho em direção ao Monte Horeb.

No **Monte Sinai**, Moisés recebeu as duas Tábuas da Lei, contendo os Dez Mandamentos.

Os Dez Mandamentos orientam o povo para seguir o caminho de uma vida de liberdade, sem escravidão.

No Monte Sinai **Deus** faz **Aliança** com o povo de **Israel**.

A nossa Igreja também orienta o cristão para viver os Mandamentos.

Ler: Deuteronômio 5,6-21. Êxodo 20,2-17. Êxodo 34,28.

24º ENCONTRO

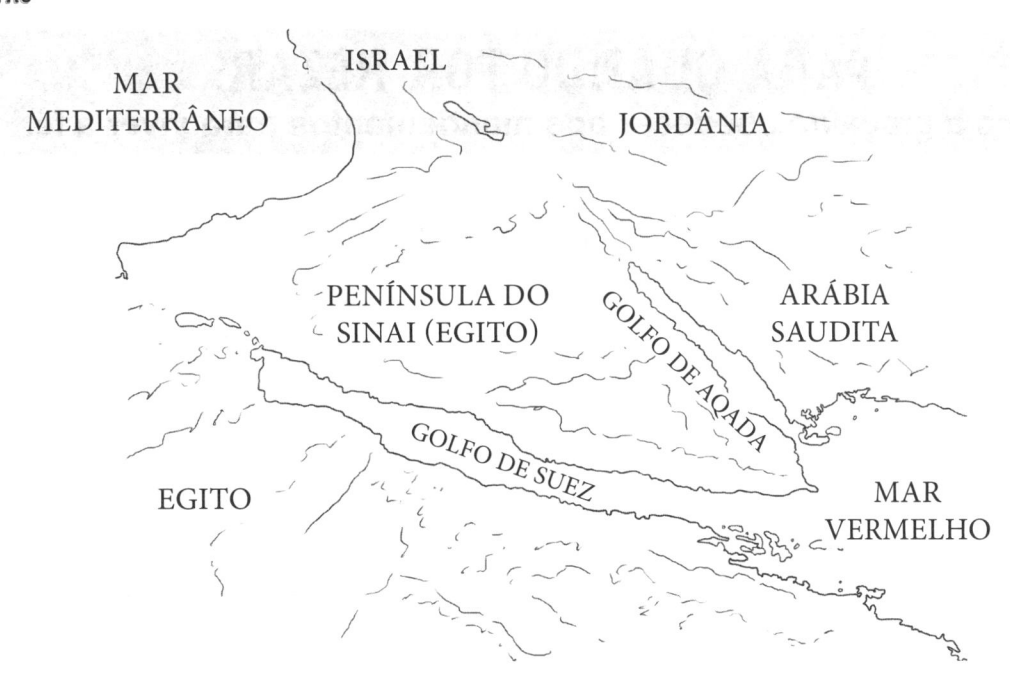

```
        ISRAEL
MAR
MEDITERRÂNEO          JORDÂNIA


        PENÍNSULA DO              ARÁBIA
        SINAI (EGITO)    GOLFO    SAUDITA
                         DE
                         AQADA
              GOLFO DE SUEZ
EGITO                              MAR
                                   VERMELHO
```

A IGREJA RESUME OS 10 MANDAMENTOS ASSIM:

AMAR A DEUS
1. Adorar a Deus e amá-lo sobre todas as coisas.
2. Não invocar o seu santo nome em vão.
3. Guardar os domingos e festas.

AMAR O PRÓXIMO COMO A SI MESMO
4. Honrar pai e mãe.
5. *Não matar* (nem causar outro dano, no corpo ou na alma, a si mesmo ou ao próximo).
6. Não pecar contra a castidade.
7. Não furtar ou roubar os bens do próximo.
8. Não levantar falsos testemunhos (nem de qualquer outro modo faltar à verdade ou difamar o próximo).
9. Não desejar a mulher do próximo.
10. Não cobiçar as coisas alheias.

FIQUE SABENDO:
Os mandamentos colocam a nossa vida no caminho certo.
Nós sabemos como viver de acordo com a fé,
basta aceitar e praticar os mandamentos.

TAREFA:
Estudar os 10 mandamentos.

PARA QUANDO FOR REZAR:
Peça a graça de obedecer aos mandamentos para viver a fé.

ATIVIDADES

25º ENCONTRO

REGRAS (DE) **DEUS**

OS MANDAMENTOS DA LEI DE DEUS EM NOSSA IGREJA

As pessoas sabem o que é bom e o que é mau.

Há pessoas que não acreditam em Deus, mas fazem o bem, vivem bem.

Há pessoas que dizem que têm fé, mas não vivem bem.

Há pessoas que não conhecem os Mandamentos.

Há pessoas que não sabem que os Mandamentos da Lei de Deus ajudam a orientar a vida.

As pessoas que obedecem aos *Mandamentos sentem que agradam a Deus.*

VAMOS CONHECER E COMPREENDER OS MANDAMENTOS

Onde está?
No livro do Êxodo 20,1-17.

PRIMEIRO MANDAMENTO
Amar a Deus sobre todas as coisas.

Está escrito na Bíblia:
"Eu sou o Senhor, teu Deus", Ele é o nosso Criador e Senhor. Êxodo 20,2.

A Bíblia ensina **"Não terás outro Deus diante de mim"**. Êx 20,3.

SEGUNDO MANDAMENTO
Não falar seu Santo Nome em vão.

Este mandamento proíbe:
1) Falar o nome de Deus sem respeito.
2) Jurar falso.

TERCEIRO MANDAMENTO
Guardar domingos e festas.

Por esse mandamento devemos "honrar a Deus nos dias especiais".
1) Participando da Missa.
2) Participando da vida da Igreja.
3) Fazendo caridade ao próximo.

QUARTO MANDAMENTO
Honrar pai e mãe.

Por esse mandamento devemos respeitar o pai e a mãe, obedecer-lhes e ajudá-los em suas necessidades.

TAREFA:
Estude os 1º, 2º, 3º, e 4º Mandamentos.

PARA QUANDO FOR REZAR:
Olhe se você está obedecendo aos mandamentos que está estudando.

Vemos pelas TVs, jornais, revistas, celulares que há muita violência no mundo.
Vemos crianças, jovens e velhos sendo mortos.
Vemos que há pessoas que não têm respeito pela vida do próximo.
Vemos pessoas que matam por qualquer motivo.
Vemos que há muita corrupção, exploração das pessoas, prostituição.
Vemos e sabemos que as pessoas têm esse comportamento porque não conhecem os Mandamentos da Lei de Deus.
Vemos ainda que mesmo as pessoas que conhecem os Dez Mandamentos não se importam com eles. Porque a fé está separada da vida!

Por quê?
Não temem a Deus!
Não respeitam a Deus!
Não procuram ser felizes vivendo como mandam os Mandamentos.
Vamos conhecer outros Mandamentos.
Vamos continuar estudando os mandamentos?

QUINTO MANDAMENTO
Não matar.

Por esse mandamento não devemos matar, bater, ferir ou fazer qualquer mal ao próximo.
É pecado grave tirar a vida do próximo matando-o.
A vida é o maior bem que há na Terra.

SEXTO E NONO MANDAMENTOS
Não pecar contra a castidade.
Não desejar a mulher do próximo.

Por esses mandamentos a pessoa deve respeitar o seu próprio corpo e o corpo das outras pessoas.

SÉTIMO MANDAMENTO
Não roubar.

Por esse mandamento não devemos pegar ou roubar o que é de outra pessoa. Respeite o que é dos outros.

OITAVO MANDAMENTO
Não levantar falsos testemunhos.

Esse mandamento nos pede para nunca mentir, mesmo por brincadeira.
Porque mesmo brincando, ofendo a outra pessoa.
Esse mandamento nos ajuda sempre a dizer a verdade.

DÉCIMO MANDAMENTO
Não cobiçar as coisas dos outros.

Esse mandamento proíbe desejar os bens de outras pessoas.
Porque esse desejo pode nos levar a roubar, a tirar de outro o que não é meu.
Esse mandamento quer que tenhamos as coisas com o próprio esforço.
O importante é ser correto, honesto.

FIQUE SABENDO:
Os mandamentos nos ajudam a sermos fiéis no caminho de Jesus.
Os mandamentos nos ajudam a viver bem.

TAREFA:
Preste atenção nas notícias de jornal.
Veja as situações que são contra os Mandamentos.

PARA REZAR:
Rezar pedindo a graça de viver os mandamentos.

"Felizes os que guardam os mandamentos de Deus e lhe obedecem de todo o coração!"
Salmos 119,2

ATIVIDADES

_____
_____
_____
_____
_____
_____
_____
_____
_____
_____
_____
_____
_____
_____
_____
_____
_____
_____
_____
_____
_____
_____
_____
_____
_____

26º ENCONTRO

PRIMEIRAS COMUNIDADES

VIVER COM JESUS RESSUSCITADO NO MUNDO
A FORMAÇÃO DAS PRIMEIRAS COMUNIDADES CRISTÃS

Após a **Ascensão de Jesus** aos céus, os apóstolos começaram a pregar o Evangelho.
Saíram de Jerusalém e fundaram novas comunidades.
Essas comunidades foram crescendo e se espalharam pelo mundo.
Viviam em paz como se fosse uma única família.
Não havia diferença entre eles.
Eram admirados, viviam unidos.
Muitas pessoas, após ver tanta união, começaram a se unir aos cristãos.
Veja: Atos dos Apóstolos 4,32-35.
Roma era a capital do Império Romano.
Tinha uma comunidade de seguidores de Jesus.
Roma tinha muitos deuses.
Todos deviam adorar os deuses dos romanos.
Os cristãos não quiseram adorar esses deuses, então começaram a ser perseguidos.
Muitos foram mortos por serem fiéis a Jesus.
Vamos conhecer a vida de Santo Estêvão o primeiro mártir:
Atos 6,8 e 7,55-60.

26º ENCONTRO

A Igreja chama de mártires da fé esses cristãos que morreram por causa de Jesus. Eles deram a vida por Jesus, mas ainda hoje a Igreja tem muitos mártires.
Mártires são **os perseguidos** por causa da fé.
Quem não tem fé – não gosta dos mártires, porque eles mostram a verdade.

O que as pessoas fazem de errado e é contra a nossa fé?
- Injustiça.
- Fazer os pobres sofrerem.
- Fazer sofrer a própria natureza.

E muitas outras situações que fazem sofrer.

Ir. Dorothy Stang
Missionária
2005

Santa Luzia
ano 303

Santo Estêvão
1º mártir
Século 1

São Tarcísio
12 anos coroinha na
Igreja Roma no
ano 767

PARA SABER:
As primeiras comunidades são exemplos para nós hoje.
Todos se amavam e todos se ajudavam.
Não passavam fome e nem tinham dificuldades para viver.
Eram unidos.

PARA FAZER:
Ajude a sua comunidade a ser unida.

PARA REZAR:
"Eu vim para que todos tenham vida", disse Jesus.

NA CATEQUESE

A SEGUNDA ETAPA DA CATEQUESE OFERECEU A VOCÊ A GRAÇA DE CAMINHAR COM JESUS

Conhecer sua vida e sua proposta para viver com fé em comunidade.

Você vai receber com alegria Jesus pela primeira vez.

Faça o propósito de continuar na comunidade, crescendo na fé e no compromisso com a Igreja.

COM JESUS, VOCÊ É SEMPRE FORTE!

Faça agora um resumo do que você viveu nessa etapa:
- O que mais você precisa aprender?
- Em que encontro você teve dificuldade?
- Qual encontro você mais gostou e ajudou a sua fé?
- Troque ideias com a catequista e o grupo.
- Frequente sempre a sua igreja.
- Seja sempre feliz e busque sempre na Eucaristia.
- Em qualquer situação de sua vida não esqueça, **Jesus está com você!**

CELEBRAÇÃO PARA A RENOVAÇÃO DAS PROMESSAS DO BATISMO

Introdução:
No dia do batismo, Jesus chama cada um pelo nome e diz: Você quer ser meu amigo? Ser batizado e ser cristão?

Quando você foi batizado, você era muito pequeno e não compreendia nada. Seus padrinhos responderam em seu lugar. Eles falaram sim, acreditaram em você. Foi um compromisso feito a Jesus. Ele sempre ajuda você. Ele sempre cumpre o que prometeu.

Padre: Vocês querem renovar sua promessa a Jesus?

Todos: Jesus, desejo seguir você, ajude-me, porque é difícil ser bom, mas com sua ajuda eu terei força para vencer.

Padre: Vocês se prepararam para a Primeira Eucaristia e livremente querem continuar a participar da Igreja Católica?

Todos: Vamos renovar o que foi prometido por nossos padrinhos no dia de nosso batismo.

Padre: O que vocês estão pedindo hoje?

Todos: A fé.

Padre: Para viver como filhos de Deus, vocês renunciam ao pecado?

Todos: Renunciamos.

Padre: Para viver como irmãos, vocês renunciam a tudo o que separa e prejudica outras pessoas, como brigas, injustiças, falsidades e mentiras?

Todos: Renunciamos.

Padre: Vocês acreditam que Deus é nosso Pai?

Todos: Acreditamos.

Padre: Vocês acreditam que Jesus é o Filho de Deus, que nasceu da Virgem Maria, morreu na cruz e ressuscitou no terceiro dia?

Todos: Acreditamos.

Padre: Vocês acreditam no Espírito Santo que nos foi dado para fazermos o bem?

Todos: Acreditamos.

Padre: Vocês prometem ser cristãos de verdade, vivendo e ensinando aos outros o que aprenderam de Jesus?

Todos: Prometemos.

Padre: Vocês prometem ser fiéis à Igreja Católica e a seus ensinamentos?

Todos: Prometemos.

Padre: Damos graças a Deus pela renovação das suas promessas. Pedimos que o Espírito Santo acompanhe vocês. Queridos catequizandos, a festa da Primeira Eucaristia marca a nova vida para vocês. Depois da Primeira Eucaristia é preciso viver a vida do verdadeiro cristão.

Ficar sempre com Jesus no coração. Muita gente, logo depois da festa se esquece desse compromisso. Não frequenta mais a Igreja e só volta quando tem um problema ou na festa do casamento... Não pode ser assim. Toda pessoa que fica longe da amizade de Deus e dos seus ensinamentos fica fraca na fé. Por isso, deve rezar todos os dias, conversar com Jesus.

Respeitar os pais, pessoas idosas e todas as outras pessoas.

Amar o próximo e fazer caridade. Frequente sempre a Igreja para a sua comunidade continuar a crescer na fé, seguindo os passos de Jesus. Sejam felizes e fiéis. Busquem sempre Jesus na Eucaristia.

SUGESTÃO DE ORAÇÃO PARA DEPOIS DA COMUNHÃO

Meu bom Jesus, agora no meu coração, muito obrigado(a).
Ofereço o meu coração e toda a minha vida.
Quero ficar sempre contigo.
Jesus, eu creio, mas aumente a minha fé.
Jesus, eu espero, mas aumente minha esperança.
Jesus, eu amo, mas aumente o meu amor.

Meu bom Jesus, não quero separar-me de ti.
Quero ser fiel e evitar todo pecado.
Jesus, contigo vencerei todas as tentações, todo o mal.
Proteja meus pais, meus irmãos, meus parentes e amigos.
E também aquelas pessoas que ainda não amo.
Amém.

A marca FSC® é a garantia de que a madeira utilizada na fabricação do papel deste livro provém de florestas que foram gerenciadas de maneira ambientalmente correta, socialmente justa e economicamente viável.

Este livro foi composto com as famílias tipográficas Helvética e Avenir e impresso em papel Offset 75g/m² pela **Gráfica Santuário.**